KB163711

조폭의 계보

차례
Contents

조폭, 숨은 얼굴들을 찾아서

　주먹이 인기를 끌고 있다. 한국 조직폭력의 시조로 꼽히는 김두한(金斗漢, 1918~1972) 씨의 일생을 다룬 영화 「장군의 아들」, TV 드라마 「야인시대」는 공전의 히트를 기록했다. 관객 동원에서 기록을 갈아치운 영화 「친구」도 주먹의 우정과 배신을 다룬 영화다. 주먹을 다룬 영화나 드라마가 인기를 끄는 이유는 뭘까? 사나이들의 꿈과 야망, 우정과 배신, 주먹들의 눈부신 싸움 기술, 음모와 좌절 그리고 화끈한 폭력……분명 주먹 이야기가 강한 흡인력을 가진 것은 사실이다. 그러기에 '필름 누아르'란 영화 장르가 존재하고, '조폭 신드롬'이란 사회현상이 있고, '강한 남자 콤플렉스'와 같은 사회심리적 현상이 존재할 것이다.

하지만 현실 속 조직폭력배들의 세계는 영화나 드라마 속의 주먹들과 같이 의리나 우정 같은 낭만적인 접근을 허락하지 않는다. 그것은 한마디로 돈과 권력, 폭력과 음모가 뒤엉킨 추악한 뒷골목 범죄세계일 뿐이다. 적어도 1960년대 이래 한국 주먹세계에는 영화와 같은 낭만은 없다. 있다면 낭만을 가장한 치기어린 행동들과 과장되고 부풀려진 허황된 무용담만이 있을 뿐이다. 화려한 무용담에 덧씌워진 시간의 이끼들을 벗겨내면, 남루한 주먹 인생들의 허우적거리는 몸부림만 남을 것이다.

한국 조직폭력의 계보를 추적한 이 글에는 폭력으로 얼룩진 사건들, 폭력으로 일어서고, 폭력으로 몰락한 인물들의 삶이 등장한다. 자연히 우리 역사의 어두운 단면, 부끄러운 역사와 마주서게 될 것이다. 조폭은 정치권력과 야합한 추악한 얼굴을 가지고 있다. 그 역사는 오래전으로 거슬러 올라간다.

"돈과 권력 앞에 굴복하지 않는 조직폭력배는 없다. 그들이 말끝마다 의리를 강조하는 것은 그만큼 배신이 다반사로, 일상적으로 일어나기 때문이다."

한국 검찰의 대표적인 조폭 전문 검사로 꼽히는 조승식 대검 강력부장의 말이다.

이 책에도 등장하는 몇몇 거물급 인사 등의 증언 덕분에 검찰과 경찰의 수사 기록에 크게 의존할 수밖에 없는, 그래서 자칫 무미건조해지기 쉬운 이 글에 어느 정도 생명력을 불어넣을 수 있었다고 생각한다.

이 책을 쓰면서 적지 않은 고민이 있었음을 미리 밝혀둔다. 이 책에 등장하는 여러 인물들이 아직 생존해 있기 때문이다. 그 중에는 검찰과 경찰의 집중 관리 대상에 올라 있는 '현역'들도 많지만, 주먹세계를 떠나 새 삶을 살고 있는 사람들도 적지 않다. 무엇보다 어디까지 실명을 사용할 것인지를 두고 상당히 고민했다. 과거를 지우고 싶은 입장에선 이 글에 결코 다시 등장하고 싶지 않을 것이다. 철없는 젊은 시절, 한때의 잘못으로 자식과 후손들에게 영원히 조폭으로 기억되고 싶은 사람도 없을 것이다.

따라서 이 글은 검찰과 경찰이 수사한 뒤 조직폭력 사건으로 규정하고, 수사 결과를 발표했으며, 신문과 방송을 통해 사회적으로 큰 반향을 불러일으킨 사건과 관련 인물들에 한정해서 실명을 사용했다. 이 과정에서 검찰과 경찰의 공소 내용, 재판 기록, 검찰-경찰-국정원의 공식-비공식 자료, 언론 보도 등이 자연스럽게 인용됐다.

이 글은 「월간조선」 2001년 11월 호에 실린 '한국 조폭의 역사와 계보'를 수정·확대·보완한 것이다. 그 과정에서 200자 원고지 120장 분량의 글이 300장 안팎으로 늘었다. '한국 조폭의 역사와 계보'는 미국 FBI의 수사 자료로 활용되고 있다고 한다. 전지구적 차원에서 '범죄와 전쟁'을 벌이는 데 다소간 기여했다고, 나름대로 위안을 삼고 있다.

주먹을 위한 진혼곡, 어느 거물 조폭 두목의 일생

2001년 8월 중순, 공갈 등의 혐의로 검찰 수배를 받고 도피 중이던 김옥태(당시 48세) 씨가 경기도에 위치한 한 암자의 뒷산에서 시체로 발견됐다.

충남, 대전 지역 검찰과 경찰에는 1급 비상이 걸렸다. 그는 1970년대 이후 충청 지역 주먹세계를 통일한 것으로 지목되던 주먹계의 큰 거물이었다. 한 시대를 풍미한 전국구 주먹이자, 건설사와 지역 신문사를 운영하던 그의 돌연한 사망 소식에 많은 사람들은 어떤 음모와 미스터리의 냄새를 맡았다.

빈소는 대전 지역의 한 대학병원에 마련됐다. 검은색 양복, 짧은 스포츠형 머리, 우람한 체구의 사내들이 삼엄한 경비를 섰다. 시간이 가면서 과거 그와 협력하고 때로는 경쟁했던 전국의 두목급 주먹들이 속속 방문했다. 빈소 입구에는 현역 국회의원, 유력 정당 대표, 미래의 대통령 후보에 이르기까지 당대의 유력 정치인들이 보낸 화환이 즐비했다. 검은색 대형 승용차 수백 대가 한꺼번에 영안실 주차장으로 쇄도하는 바람에 큰 혼잡이 빚어지기도 했다. 또한 영안실에서 장례식 참석자들의 모습을 촬영하려던 경찰과 유가족들 사이에 실랑이가 벌어져 한때 묘한 긴장감이 조성되기도 했다. 검찰 관계자는 "이름만 들어도 알 만한 거물 주먹들이 대거 빈소를 찾았다. 영화「대부」에나 나올 법한 장례식이었다"고 전했다.

죽기 직전까지 김옥태 씨는 지역 신문사 회장과 아시아 아마추어 복싱연맹 부회장 등의 직함을 가지고 있었다. 하지만 그는 지역 사람들과 수사 기관들 사이에선「옥태파」두목으로 더 유명했으며, 그 지역 정보기관 책임자의 주요 관리 대상이 될 정도로 지역의 중요 인사였다.

그가 도피하게 된 직접적인 계기는 2001년 초 대전지검 강력부가 대전, 유성 지역의 불법 오락실에 대한 전면 수사에 착수하면서부터였다. 조사 과정에서 그 지역 경찰서장 등, 경찰 고위 간부들과의 커넥션이 하나 둘씩 밝혀지고, 대전, 유성 지역 최대 이권인 성인 오락실 운영에 깊게 개입한 혐의가 차츰 드러나자 그는 도피를 결심했다. 하지만 그는 도피 4개월 만인 그 해 8월 10일 새벽 1시쯤 경기도, 의정부의 한 산골 암자 뒷산에서 변사체로 발견된 것이다. 그와 동행했던 암자의 주지는 산을 오르던 김씨가 갑자기 "숨이 막힌다"며 쓰러졌고,

이내 사망했다고 경찰에 신고했다. 사인은 심장마비였고, 뚜렷한 타살 의혹이 없다고 수사 기관은 결론을 내렸다.

그의 가족들은 검찰의 수사 착수 배경에 석연치 않은 점이 있고, 대통령 선거운동 등을 도우면서 각별한 관계를 맺었던 유력 정치인이 깊이 개입한 의혹이 있다고 주장했다. 정치권력에 의한 청부 수사 의혹을 제기한 것이다. 100억 원대의 비자금 통장이 발견됐다느니, 수십 명에 달하는 정계와 관계 거물들에 대한 로비 리스트가 존재한다느니 하는 루머가 꼬리를 물었다. 하지만 비밀의 열쇠를 쥐고 있는 그는 이미 싸늘한 시신으로 변해 있었고, 수사는 더 이상 진행되지 않았다. 의혹은 남았지만, 역사의 뒤안으로 사라진 것이다.

김씨의 사망 소식을 들은 강력통 검사들은 '권력 무상' 못지않은 '주먹 무상'을 느낀다고 말했다. 조승식 검사는 "한때 한국 헤비급 챔피언까지 지낸 그는 190㎝가 넘는 키에 체중 115kg가 넘는 거구였다"며 "일대일 싸움에서는 당할 자가 없을 것으로 꼽히던 주먹"이라고 말했다. 조 검사는 "그가 검찰에 쫓기다가 깊은 산 속, 어느 이름 없는 암자 뒷산에서 초라한 죽음을 맞았다는 소식을 들으니 주먹 인생이 얼마나 허무한지를 보여주는 것 같다"고 말했다.

그의 일생에 대해 알려진 것은 많지 않다. 강력통 검사들의 증언을 종합하면, 전남, 목포 출신인 김씨는 어릴 때 대전으로 이사한 뒤 줄곧 대전에서 성장했다. 대전의 한 대학을 졸업했고, 충남 권투협회 선수로도 활동했다. 그러다가 인생의 한 전

환기를 맞는다. 1970년대 후반 속리산 관광호텔 카지노가 개장하자 후일 평생 라이벌이 되는 김진술 씨 등과 함께 속칭 카지노 '기도' 생활을 시작한 것이다. 그는 큰 체구와 주먹 실력을 바탕으로 카지노 안팎의 질서를 잡고, 불량배들의 접근을 차단하면서 능력을 인정받았다.

속리산 관광호텔 카지노는 한국 조직폭력의 역사에서 빼놓을 수 없는 장소다. 이곳에서 조폭들은 '금맥'을 발견한다. 그리고 여기서 축적된 자금을 바탕으로 조직을 갖춰 나가기 시작했다고 조승식 검사는 증언했다. 유신의 서슬이 퍼렇던 1970년대에 카지노는 독보적인 이권사업이었다. 정부는 외화 획득이란 명분 아래 속리산 관광호텔에 카지노 영업을 허가했지만, 정작 재미를 본 것은 다른 부류의 사람들이었다. 검찰 수사 기록에 의하면 이 카지노에 지분을 가지고 참여한 인물은 정덕진 씨, 임무박 씨, 이승완 씨, 「S파」 C씨 등이다. 후일 한국 주먹계를 좌지우지하는 인물들이 이 호텔 카지노에서 자금을 모은 것이다.

이후 정덕진 씨는 '빠칭코'로 불리는 '슬롯머신의 대부'로 성장했고, 1993년 김영삼 정부 집권 직후 '슬롯머신 사건'으로 구속되면서 나라를 뒤흔든 스캔들의 주인공이 됐다. 그가 구속되면서 6공화국의 핵심 실세였던 박철언 씨를 비롯한 검찰·경찰·국세청 간부 등의 권력자들이 줄줄이 구속됐다. 그가 검찰 등 사정 기관의 간부들과 친분을 맺은 것은 속리산 관광호텔 카지노를 경영하던 때로 거슬러 올라간다.

이승완 씨는 5공화국 들어 호국청년연합회 총재로 변신한다. 그리고 장세동 안기부장의 지원 아래 '신민당 창당 방해 사건', 이른바 '용팔이 사건'의 배후 인물로 활동했다. C씨 역시 건설사 등을 경영하며 여전히 실세로 군림하고 있다.

임무박 씨는 20여 년이 지난 2002년, '라스베이거스 카지노 도박 사건' 재수사 과정에서 다시 등장한다. 그는 이 사건의 재수사로 구속된 장재국 전 한국일보 회장과 함께 1990년대 후반 미국 라스베이거스 미라지호텔 카지노 등에 간 사실이 밝혀졌다. 임씨는 '라스베이거스 도박 사건'으로 처벌받지는 않았다. 하지만 그가 장 전 회장과 라스베이거스에 동행했다는 사실에서, 우리는 그가 가진 인맥의 정도를 가늠해 볼 수 있다. 이들은 모두 속리산 관광호텔 카지노라는 '황금알을 낳는 거위'를 통해 큰 재산을 모은 것으로 알려져 있다. 한창 때는 그날 번 현찰을 세느라 밤을 꼬박 새워야 했다는 말까지 전해진다.

그렇게 해서 주먹세계는 질적으로 변화한다. 도박 산업이라는 거대한 이권을 쥐게 됨으로써 이전의 '단순한 주먹들의 모임'에서 명실상부한 조직을 갖춘 '폭력조직'으로 변모하게 되는 것이다.

김옥태 씨 얘기로 다시 돌아가자. 그는 1977년 경쟁 조직 간 살인 사건인 '속리산 관광호텔 카지노 살인 사건'으로 와해된 「목포내기파」를 재건한다. 그리고 자신의 이름을 딴 「옥태파」를 조직하고 두목에 올랐다. 반면 당시 경쟁 조직이던 「쪽 제비파」의 행동대장은 김진술 씨였다. 김진술 씨는 후에 「쪽 제비파」 대신 「진술이파」를 결성한다. 필생의 라이벌로 통하는 두 김씨가 1977년 이후 본격적으로 경쟁 관계를 시작한 것이다.

김옥태 씨는 1970년대 후반 전국을 석권했던 조양은 씨 조직에 합류해 조씨의 보디가드 겸 행동대장으로 활동하면서 세력을 키워 「양은이파」의 2인자로 통하기도 했다. 조양은 씨는 자서전 『어둠 속에서 솟구치는 불빛』에서 김씨의 존재를 암시한다. 조씨는 이 책에서 김씨를 "115kg이 넘는 거구에 믿음직스러운 후배"로 묘사했다.

조씨는 1980년 비상계엄하에 구속돼 징역 15년을 살았지만 김씨는 비교적 승승장구했다. 그는 대전에서 신문사와 건설사 등을 인수하고 사업에 진출했다. 대전, 유성 지역의 오락실과 유흥업소 운영에서 나온 막강한 자금력이 바탕이 됐다고 한다. 그의 위세가 얼마나 대단했던지 검찰 고위 간부가 그가 경영하는 신문사를 방문하여 구설에 오르기도 했다. 권력 핵심과의 친분 또는 불화설이 나오면서 국정원 등 정보기관의 주요 감시 관리 대상이 되기도 했다. 대통령 선거 때나 총선 때마다 그의 역할이 적지 않았기 때문이다.

그의 돌연한 죽음은 많은 의혹을 남겼다. 검찰 관계자의 말이다. "분명한 것은 그의 죽음으로 가슴을 쓸어내릴 정치인과 고위 공무원들이 매우 많을 것이란 사실이다."

그는 권투선수로 출발해 카지노 업소 행동대장, 폭력조직

두목, 체육단체 간부, 지역 신문사 회장, 건설회사 회장을 지냈다. 보기에 따라 가장 성공적인 일생을 산 주먹 중 한 사람으로 꼽힐지 모른다. 하지만 그의 죽음 뒤에 남은 것은 무엇일까? 그의 가족들은 "너무나 허무하고 억울한 죽음"이라 하소연한다. 하지만 모든 것은 그의 죽음과 함께 역사의 저편으로 묻혀버린 느낌이다.

김씨의 필생의 라이벌로 피비린내 나는 '전쟁'을 치르기도 했던 「진술이파」 두목 김진술 씨도 2000년 11월, 사기 등의 혐의로 검찰에 구속됐다.

폭력조직의 이름은 누가 짓나

모든 폭력조직에는 이름이 있다. 조직 이름이 없는 조폭은 없다. 그래서일까? 한국 영화 「넘버 3」에서 3류 건달로 나오는 영화배우 송강호와 똘마니들은 조직의 이름을 잘 짓기 위해 공을 들인다. 그래서 등장하는 이름이 「불사파(不死派)」란 멋진(?) 이름이다. 하지만 현실 속에서 그처럼 조직의 이름을 지었다가는 값비싼 대가를 치를 수 있다. 「불사파」처럼 조직의 이름을 자랑하고 다니는 '대담하고 무모한' 조직은 실제로 거의 없다.

몇 년 전 검찰이 폭력조직원으로 분류돼 수감중인 사람들을 상대로 설문조사를 한 결과, '조직의 이름을 스스로 지었다'고 답한 사람들은 18%에 불과했다. '검찰이나 경찰에서 지었다'는 44%, '외부에서 붙여줬다'는 17%였다. 하지만 이를 근거로 검찰이나 경찰이 수사상 편의를 위해 존재하지 않는 폭력조직을 억지로 만든다고 보기는 어렵다. 두목, 부두목, 행동대장, 조직원 등 엄연히 실체가 있는 폭력조직들이 '조직'이란 말의 사용을 꺼리기 때문이다. 검거되거나 적발될 경우 이름이 있는 것과 없는 것의 차이가 워낙 크기 때문이다.

현행법은 범죄단체조직 수괴일 경우 최고 사형까지 구형할 수 있도록 하고 있다. 게다가 범죄단체로 규정된 조직원으로 활동하는 것만으로도 무거운 형을 받게 된다. 조폭세계에서 흔히 '범단으로 뜬다'는 말은 이를 두고 하는 말이다. 때문에 법원은 범죄단체 여부의 판단을 매우 엄격하게 하고 있다. 수사 기관에선 엄격한 조직 내의 역할 분담, 조직의 오랜 역사 등을 입증해야 하고, 조직 내 행동 강령 등의 존재도 입증해야 한다. 까다로운 작업이 아닐 수 없다. 그래서 범죄단체로 유죄 판결을 받은 조직은 전국적으로도 1년에 몇 개가 나오지 않을 정도로 드물다. 이런 상황이니 스스로 조직의 이름을 짓는 것이 얼마나 대담하고 무모한 행동이겠는가?

하지만 자신들에게 이름이 없다고 강변한다고 조직이 아니라고 하기는 어렵다. 대개 특정한 구역을 무대로 조직적으로 활동할 경우, 주변에서 '~파'라는 식으로 자연스럽게 이름을 붙이기 마련이고, 스스로도 그 조직원임을 자각하기 때문이다.

수사 기관들이 조직의 이름을 지을 때는 몇 가지 규칙이 있다. 동네 이름 또는 두목 이름에서 따오는 경우가 가장 일반적

이다. 조직이 주로 활동하는 무대, 당구장이나 다방의 이름을
따는 경우도 있다. 「양은이파」 「옥태파」 「진술이파」 등은 두
목 이름에서 따왔고, 「번개파」는 두목의 별명, 「서방파」는 김
태촌(金泰村) 씨가 주로 활동했던 전남, 광주의 동(洞) 이름에
서 유래했다. 「이리 배차장파」는 이리시의 시외버스 주차장에
서 유래했다고 한다. 수원의 「북문파」 「남문파」는 문화재 이
름에서, 「서대문파」 「동대문파」 등은 폭력조직들이 관할하는
지역에서 이름을 따왔다.

건달로 불러다오

당신은 자신을 어떻게 불러주길 원하는가? 사람마다 직업
마다 불러주길 바라는 명칭이 있겠지만 주먹세계에 있는 사람
들은 열 명이면 열 명 모두 '양아치'란 말을 가장 싫어한다.
반면 '건달' 또는 '협객'으로 불리기를 바란다. 나의 경쟁 상
대는 양아치요, 나는 건달인 셈이다. 주먹 앞에서 '당신은 양
아치'라고 말하는 것보다 위험한 도발은 없을 것이다.

조직폭력배란 말과 함께 보통 사람들이 많이 쓰는 이름으
로는 '깡패'란 말이 있다. 검찰의 내부 교육자료에 따르면 깡
패란 말은 1945년 해방 이후 미군부대 주변의 '구두닦이'들이
영어의 'gang'을 우리식 발음으로 '깡'이라고 읽고, 여기에 전
통적인 패거리를 지칭할 때 사용되던 '패(牌)'자를 합해 비속
어로 사용한 데서 유래됐을 것으로 추정하고 있다.

하지만 '장군의 아들' 김두한 씨는 다른 기원을 제시했다. 그는 1969년 동아방송과의 인터뷰에서 1957년 민주당 조병옥 박사 등이 서울 장충단공원에서 '국민투쟁위원회 강연'을 개최했을 때 이정재, 유지광 씨 등이 깡통에 모래알을 넣고 연사들이 강연할 때 깡통을 두드리거나, 깡통에 휘발유를 넣어 불을 질러 방해한 것에서 깡패라는 말이 유래했다고 밝혔다. 어느 것이 옳은지는 모르나 1950년대 이후 깡패란 말은 조폭과 거의 같은 뜻으로 쓰여 온 것은 사실이다.

또 일본말인 '가다' '어깨' '건달(乾達)' '한량(閑良)' '불량배(不良輩)'라는 말도 널리 사용된다. '건달'은 '깡패' 또는 '조폭'으로 분류되는 사람들이 스스로를 칭할 때 즐겨 쓴다. 이는 신라 진평왕 때 「혜성가」에서 융천사의 스님이 건달파(乾達婆)라고 한 것에서 유래했다고 한다. 문자 그대로 풀면 '세상 이치에 달통한 사람'을 뜻한다.

그래서인지 필자가 개인적으로 만난 어느 거물 주먹은 "나는 한마디로 건달이요, 건달"이라며 자신이 다른 깡패나 양아치와 같은 부류가 아님을 여러 차례에 걸쳐 강조했다. 대신 그는 자신과 반대 입장에 서있거나 경멸스런 행동을 한 사람에 대해서는 항상 "그 ××는 양아치"라고 표현했다.

이처럼 '양아치'란 말은 욕설이 일상적으로 사용되는 주먹 세계에서도 매우 모욕적인 말로 통한다. 괜히 누군가를 '양아치'라 불렀다가 비명에 간 사람도 없지 않다. 실제로 과거 조폭 간 칼부림으로 검거된 인물들의 기소장에는 '양아치라고 부른 것에 격분해서……'라는 표현이 단골로 등장한다. 말 한 마디에 대한 대가치고는 너무나 비싼 셈이다.

한편 일본 조폭의 대명사인 '야쿠자'는 일본어 숫자인 '8(야)·9(쿠)·3(산)'에서 유래했다는 것이 정설이다. 일본 도박의 일종인 '도리짓고 땡'에서 가장 쓸모가 없는 패로 '8·9·3'이 꼽힌다고 한다. 결국 '아무짝에도 쓸모 없는 사람'을 뜻하는 말인데, 이 '아무짝에도 쓸모 없는 사람'들이 멋있어 보였는지, 야쿠자들의 행태를 한국의 일부 조폭들이 베끼고 모방하는 것은 아이러니가 아닐 수 없다. 짧은 스포츠형 머리, 넓은 어깨, 아래 위 검은색 양복, 검은색 선글라스, 90도 각도의 인사, 오야붕에 대한 요란한 호위 등은 모두 야쿠자를 모방한 행동이다.

언어가 행동을 규정하는 경우가 많다. 과장되고 폭력적인 언어가 끔찍한 행동을 이끈다. 일본 전래 속담을 보면 사람 죽이는 것을 '각(角)을 뜬다' 또는 '사시미를 뜬다'고 표현한다. 그런데 한국의 조폭들이 이 말에서 착안, 정작 야쿠자들이 사용하지 않는 회칼(사시미칼)을 들기 시작했다는 분석이 있다. 황당하기 짝이 없지만 황당한 일이 적지 않게 일어나는 것이 현실이 아닌가?

폭력조직의 대명사로 꼽히는 '마피아(Mafia)'는 13세기에서 19세기에 걸쳐 이탈리아 시칠리아 섬 서부 농촌 지역에서 발생했다. 그 어원에 대해서는 여러 이설이 있다.

과거 이탈리아 시칠리아 섬이 프랑스의 침략을 받았을 때

비밀조직들이 프랑스군에 저항할 때 투쟁의 서약으로 썼던 '이탈리아인이 프랑스에게 죽음을 외친다(Morte alla Francia, Italia anela)'의 첫 글자를 땄다는 설, 아라비아어의 성역을 뜻하는 'Ma'와 사원을 뜻하는 'Fia'를 합한 말이라는 설 등이다. 이탈리아어 대백과사전에는 '시칠리아에서 재간, 용기, 우월, 성취에 관한 천부의 재능을 의미하는 말'이라는 설명이 나온다고 한다.

중국·홍콩·대만 등을 지배하고 있는 삼합회(三合會)는 1674년, 중국 복건성 소림사 승려 5명이 명나라 복원을 위해 천지회(天地會)라는 민간 비밀단체를 결성, 아편전쟁과 공산혁명을 거치면서 범죄조직으로 변질했다고 한다. 삼합은 천(天)·지(地)·인(人)의 조화, 즉 우주만물의 조화를 뜻한다. 중국·홍콩·대만 등지에 50여 개 조직이 존재하며 조직원이 20-30만 명에 달하는 것으로 추산된다. 1990년대 이후에는 미국, 캐나다, 호주, 벨기에, 네덜란드, 체코, 파나마 등에 진출하고 있다.

조직폭력배란 누구일까?

　조폭은 무엇일까. 범죄학자들마다 조폭에 대한 정의와 학설이 엇갈린다. 동네 목욕탕에 문신 새기고 출현해 괜히 공포감을 조성하는 무리에서부터 라스베이거스에서 수십억 달러짜리 호텔을 경영하는 마피아까지, 조폭의 수준과 차원은 천차만별이다.

　따라서 보는 눈에 따라 정의도 달라진다. 한 예로 검찰이 폭력조직의 두목으로 지목하여 공소를 한 사람이 자신은 조직폭력배가 아니라고 소송을 제기하기도 한다. 「국제 PJ파」 전 두목으로 알려진 여운환 씨가 그 대표적 사례이다. 그는 2001년 G&G회장 이용호 씨의 정·관계 로비 의혹 사건에 연루돼 구속됐다. 하지만 그는 자신을 「국제 PJ파」 '전 두목' 또는

'고문'으로 표현한 모든 언론사를 상대로 100억 원대의 명예 훼손 손해배상 소송을 냈다. 물론 자신을 수사한 검사도 고소했다. 자신은 조직폭력배가 아닌데 언론들이 자신을 조직폭력배로 표현하여 명예를 훼손했다는 이유에서다.

여씨가 자신이 조직폭력배의 두목이 아니라는 근거로 든 것은 법원 판결이었다. 1994년 검찰이 자신을 범죄단체의 수괴로 지목하여 기소를 제기했으나 대법원이 무죄를 선고했고 따라서 자신은 조직폭력배가 아니라는 것이다. 당시 법원은 여씨에게 범죄단체 조직 혐의를 적용한 검찰측 주장을 받아들이지 않았다. 대신 폭력 등의 혐의만을 인정하여 실형 4년을 선고했다.

하지만 우리가 일상적으로 사용하는 '조폭'이란 말은 꼭 법원이 유죄 확정 판결을 내린 범죄단체에 속한 사람들만을 지칭하지는 않는다. 검찰이나 경찰 등의 국가수사기관에서는 여전히 「국제 PJ파」라는 조직을 엄연한 실체를 가진 폭력조직으로 보고 있다. 물론 여씨도 이 조직의 두목을 지낸 고문급 인사로 분류된 집중 감시 대상이다.

무엇이 조직폭력배인가에 관한 논쟁을 소개하는 것은 이 글의 목적이 아니다. 이 글에선 국가수사기관이 폭력조직으로 보고 있거나, 조직폭력 사건으로 기술하고 있는 사건과 관련된 조직원들을 조폭으로 지칭할 것이다. 이것은 일상 어법에서도 크게 벗어나지 않는다.

이 글은 전문적인 범죄학 저술이 아니다. 따라서 조직폭력에 대한 정의, 이론, 논쟁을 설명할 생각은 없다. 하지만 저명한 범죄학자의 주장 하나 정도를 소개하는 것은 필요하지 않을까?

프랭크 하겐(Frank Hagan)이란 범죄학자는 각종 범죄 연구 결과와 정부 보고서를 분석한 결과, 여러 폭력조직들에서 11가지의 공통점을 추출해냈다고 밝혔다.

① 위계구조의 존속 ② 범죄를 통한 이익 추구 ③ 폭력이나 협박의 사용 ④ 면책을 위한 부패 ⑤ 서비스에 대한 수요의 존재 ⑥ 특정 시장의 독점 ⑦ 제한된 구성원 ⑧ 비이념성 ⑨ 전문화 ⑩ 비밀 유지 ⑪ 광범위한 계획이 그것이다.

하겐이 추출한 공통점들을 음미하면 조폭의 특징을 파악하기에 부족함이 없다. 조폭은 '오야붕(왕초)과 꼬붕(졸개) 등의 위계질서가 있고 폭력 등 범죄를 통해 돈을 벌고, 처벌을 피하기 위해 뇌물을 제공하며, 특정 나와바리(구역)를 가지고, 비밀스럽게 조직원들을 유지하고, 조직 확장 등 장기적인 계획 아래 움직이는 범죄집단'이다. 말은 복잡하나 우리가 영화에서 흔히 보는 마피아나 야쿠자와 다르지 않다.

도방(都房) 에서 '꼭지딴'까지

조폭을 조직화된 범죄집단으로 정의하면 그 역사는 인류의 역사만큼 오랜 옛날로 거슬러 올라간다. 삼국시대 또는 그 이전 시대에 요즘 같은 조직폭력배들이 활동했다는 기록은 별로 없다. 물론 그 시대 사람들이 모두 평화를 사랑하고 대화로 갈등을 해결했다는 뜻은 아니다. 오늘날 사료로 남아 있는 기록이 드물다는 뜻이다. 그러나 고려나 조선시대로 내려오면 조직폭력배의 원형으로 꼽을 만한 사례들이 적지 않다.

도방, 정치깡패의 원형?

경찰청이 펴낸 내부 수사 자료는 고려시대 무신정변 이후 번성했던 도방(都房)을 조직폭력배의 원형 중 하나로 꼽고 있다. 1공화국 때 정치권력과 유착한 정치깡패집단과 유사한 측면이 적지 않기 때문이다.

고려 중기인 의종 24년(1170년), 무신 정중부 등이 유혈 쿠데타를 일으켰다. 문신들의 학정에 못 견딘 무신들이 들고 일어선 것이다. 당시 문신들이 무신을 업신여긴 정도는 도를 넘어섰다고 역사는 기록하고 있다. 가령 『삼국사기』를 쓴 대학자 김부식의 아들 김돈중은 장군인 정중부의 수염을 촛불로 태웠다. 다른 대장군은 공개적인 자리에서 젊은 문신에게 뺨을 맞았지만 달리 하소연도 못하고 분을 삭여야 했다고 한다. 결국 정중부가 의종을 쫓아내고 의종의 동생(명종)을 왕으로 옹립한 뒤 100년간 무신의 통치가 시작된다. 이른바 무신정권이 들어선 것이다.

무신정권은 정중부에서 시작, 정중부를 살해한 경대승과 천민 출신인 이의민을 거쳐 최충헌 형제가 권력을 잡은 뒤, 최우, 최항, 최의가 대를 이어 집권했다. 그러다가 고종 45년, 1258년에 최의가 살해된 뒤에야 왕정이 복구된다.

무신들이 힘으로 권력을 잡았으니, 주먹들이 득세하는 것도 어쩌면 당연한 일이다. 암살과 배신이 판을 치는 시절, 권력을 잡은 무신들도 안심하고 잠을 이룰 수가 없었다. 자연 너도나도 사병집단을 운영하기 시작했다. 정권을 잡은 경대승은 자신의 신변보호를 위해 사병 수백 명을 자기 집에 묵게 했다. 이들 사병들이 묵는 숙소를 도방이라고 불렀다. 요즘으로 치면 '정치권 실세의 개인 보디가드' 조직인 것이다.

경대승은 개성 주변에서 활동하던 건달패를 모아 도방에 묶게 했다. 때때로 이들을 동원하여 정적에게 테러를 가하고 양민을 상대로 약탈을 일삼았다고 한다. 경대승이 병으로 죽자 도방은 해체되었다가 곧 부활됐다. 최충헌은 한량과 군졸 3,000여 명을 선발하여 자신을 호위하게 했으며, 최우가 집권한 뒤에는 집을 지키는 내도방과 외출 때 호위를 맡는 외도방으로 나누었다. 시간이 흐르면서 조직이 체계화되고 규모도 커진 것이다.

도방은 정치 실력자가 개인적인 목적에서 조직을 운영하고, 정적들에게 테러를 가한다는 점에서 해방 이후 한국 정치에 등장한 정치깡패조직과 비슷하다. 다만 현대의 정치권력과 주먹이 각자의 이해 관계에 따른 협력 또는 유착 관계인 반면, 도방은 정권 실세가 직접 설치·운영하는 폭력조직이었다.

조선시대, 권력을 바꾼 어깨들

고려의 도방과 비슷한 성격의 조직은 조선시대에도 널리 퍼져있었던 것으로 추정된다. 명목상 중앙집권적인 왕조 정치가 시행됐지만 권력이 국토 곳곳을 통제하지 못하는 상황에서 지방 토호들이 여러 명목으로 사병을 운영했기 때문이다.

조선 초기, 태종 이방원이 사병 운영을 엄격히 금지했다는 기록이 남아 있고, 세조(수양대군)가 조카인 단종을 몰아낸

1453년 계유정란 때도 한양의 주먹패와 어깨들이 중요 역할을 담당했다는 기록이 있다. 세조가 일으킨 쿠데타의 두 주역으로 책사 한명회와 홍윤성이란 인물이 꼽히는데, 홍윤성은 한양 건달패의 우두머리 출신으로 알려져 있다. 그는 세조가 왕이 된 이후에도 고위직에 기용되는 등 중용됐다.

조선 말, '3일 천하'로 유명한 갑신정변(甲申政變, 고종 21년인 1884년, 김옥균을 비롯한 급진개화파가 개화사상을 바탕으로 조선의 자주독립과 근대화를 목표로 일으킨 정변) 때도 주먹이 등장한다. 당시 한양에 진출해 있던 일본인들이 조선 난민들의 습격을 받았는데, 공격의 선봉에 한양의 건달패들이 있었다.

고종의 아버지인 대원군 이하응(1820~1898)은 권력을 잡기 전 시정잡배들과 어울린 일화로 유명하다. 그가 자주 어울린 천희연, 하정일, 장순규, 안필주 등은 '천(天)·하(河)·장(張)·안(安) 4인'으로 역사에 남아 있으며, 한양의 내로라하는 어깨 출신들이었다고 한다.

요즘 폭력조직의 두목들은 '보스' '오야붕'으로 불리지만 조선시대에는 '꼭지딴'으로 불린 이들의 활동이 상당히 두드러졌다. 이들은 영조시대 이전 서울의 가산(假山, 지금의 을지로 6가, 동대문 운동장 부근) 일대에 형성된 전과자나 거지 집단의 두목들이었다. 이들은 당대 세도가의 사주를 받고 정치적 반대 세력의 움직임을 정탐하기도 하고, 때때로 청부 폭력을 행사하기도 했다고 한다. 개화기 때는 수구세력의 사주를 받아 독립협회 등의 개혁세력들을 탄압하는 데도 앞장섰다.

일제 강점기의 조직폭력배들

야쿠자의 진출

야쿠자(やくざ)의 유래는 고려가 개국할 즈음인 가마쿠라 시대(1192~1333)까지 거슬러 올라가고, 그 원형은 에도 시대(1603~1867)에 나타난다. 전쟁으로 날을 지새웠던 전국시대가 가고, 평화가 오자 직업 무사들은 대거 실직하게 된다. 거리를 떠돌던 칼잡이들이 눈을 돌린 곳은 막 번성하기 시작한 유흥산업 관련 이권이었다. 이들은 도시의 상점이나 유곽(창녀촌) 지역에 '요진보(用心棒, 호위꾼)' 역할을 자처하며 정기적으로 '보호비'를 받아 챙겼다.

1868년 메이지유신으로 일본이 개방되자 우국지사 모임인

'우요쿠(右翼)'에 많은 야쿠자가 흘러 들어간다. 나중에는 우요쿠와 야쿠자의 구별이 모호해질 정도로 두 세력의 유착은 심했다.

야쿠자들은 '오야붕(親分, 두목)'에 대한 '고붕(子分, 졸개)'의 절대적인 복종이 기본 원리다. 손가락을 칼로 긁고 서로 피를 섞는 '유비기리(指切り)' 의식은 봉건시대 제후국인 '한(藩)' 단위 무사 사회의 기본 이념이 계승된 것이라고 한다.

야쿠자와 친일 주먹들

조폭의 역사를 더듬다보면 조선말 일본 제국주의의 침략과 국모(國母)시해 사건이라는 슬픈 역사를 빼놓을 수 없다.

1885년 8월 20일, 왕실에 난입해 고종 황제의 부인인 명성황후를 시해한 자들은 일본 정부의 사주를 받은 일본 낭인(浪人)들이었다. 당시 시해에 가담한 낭인들은 48명으로 알려져 있는데, 그들 모두는 훗날 제국주의 법정에서 무죄를 선고받았다.

일본 제국주의의 침략이 본격화되면서 일본 낭인들이 대거 한양에 들어와 서울의 중심부인 사대문 안에서 장사를 하는 상인들을 괴롭혔다는 기록도 있다. 일본 낭인이나 야쿠자들이 보호비 명목으로 금품을 갈취하면서 현대적인 조폭들이 출현했다는 견해가 많다. 나와바리(관리구역)를 정하고 상인 보호비 명목으로 정기적으로 돈을 뜯는 등 요즘 폭력조직의 행태를 갖추기 시작했기 때문이다.

일본 낭인들은 조선이 식민지로 전락한 1910년대 이후 총독부를 배경으로 급격히 세력을 키웠다. 1920년대 일본의 경제 침략이 본격화되면서 종로나 명동의 상권 장악을 위해 일본의 야쿠자 조직들이 대거 진출하여 조선 상인들을 몰아내는 데 앞장섰다는 기록도 많다.

일본 낭인들이 진출하자 친일 주먹들이 나타난다. 1896년, 서재필 박사가 설립한 독립협회를 견제하기 위해 일본 제국주의자들의 지시로 조직된 황국협회(皇國協會)가 대표적이다. 이기동, 길용수, 홍종우 등의 주도로 만들어진 황국협회는 보부상들이 중심이었다. 보부상은 전국 시장을 돌아다니면서 일용잡화를 파는 행상조직이었다. 이들은 독립협회 요인들에 대한 테러나 만민공동회 등의 애국적인 활동을 방해한 대가로 소금·수철·토기·목기 등의 독점 판매권을 넘겨받았다고 한다. 애국단체에 대한 청부 폭력의 대가로 이권을 넘겨받은 매국 조폭들이었던 것이다.

반일 주먹의 등장(1930~1945)

친일 주먹이 활개를 치자 그에 맞서는 반일 주먹이 등장한다. 그 때는 제국주의의 지배라는 역사적 조건 위에서 민족적 저항의식과 폭력이 절묘하게 결합된 김두한 씨를 비롯한 '주먹의 신화'가 살아 움직이던 시기였다. 김두한은 자서전에서 "조선독립군 총사령관 김좌진 장군의 아들이 일제 시대에 설 곳이란 뒷골목 주먹세계밖에는 없었다"고 말했다. 제국주의 일본의 가혹한 식민 통치 아래 항일 가문 출신의 신체 건강한 젊은이들이 울분을 토해낼 곳은 주먹세계밖에 없었다는 것이다.

이 시기 항일 주먹으로는 구마적과 신마적이 대표적이다. 경찰 자료에 따르면 서울 왕십리와 서대문을 중심으로 활동했던 구마적(고희경)을 조선 주먹의 자존심을 지킨 인물로 보고 있다. 또한 신마적 엄동욱과 유학근, 조점용 등 학생 주먹이 활동했다고 기록하고 있다.

김두한이 27살 때인 1944년의 모습. '뚱뚱했을 것'이란 항간의 짐작과 달리 균형 잡힌 '근육형' 체격이었다.

만주 대륙의 '시라소니' 이성순, 씨름꾼 출신의 '상하이 독수리' 장천용, 박치기 명수 '호랑이' 이상대, 연희전문 출신으로 YMCA 유도사범 출신인 김후옥 등이 시대를 풍미한 반일 주먹으로 꼽힌다. 이들의 신상에 대한 자료는 많지 않다. 김두한 씨, 이성순 씨 등의 회고록을 통해서 일부 전해질 뿐이다.

조폭의 원조(?), 김두한

우리 나라 역사상 김두한 씨만큼 유명하고 극적인 인생을

산 주먹은 없다. '장군의 아들'로 불리는 그는 '청산리 대첩'을 이끈 김좌진 장군의 아들로 1945년 해방 이전에는 조폭의 오야붕으로 활동했다. 불과 20세의 나이로 당시 내로라하는 주먹들을 차례로 제압하고 천하통일을 이룬 것이다. 해방 전후의 좌우 대립 시기에는 우익 주먹대장으로 좌익과 죽음을 건 투쟁의 선봉에 섰다. 한국전쟁 이후에는 재선 국회의원으로, 이승만과 박정희의 권위주의 통치에 맞선 야당 정치인으로 활동했다. 그를 주인공으로 한 소설, 영화, 드라마는 거의 10년 주기로 제작되고 있고, 그때마다 대중적인 인기를 끌고 있다.

그 인기의 밑바닥에는 '사나이 담론'이 자리잡고 있다는 진단도 나왔다. 무협소설, 홍콩 누아르 같은 무협영화를 관통하는 남성 대중문화의 핵심 코드인 사나이 담론이 김두한 씨를 통해 지속적으로 재현되고 또 대중적으로 어필한다는 것이다. 오유석 씨는 「신동아」 2002년 10월호에서 '김두한 담론'은 민족주의, 반공주의 그리고 민중적 영웅주의 등 3개의 담론으로 이루어져 있지만, 김두한 씨의 존재를 규정짓는 '폭력주의'가 빠져 있다고 지적했다.

법무연수원이 1992년 펴낸 「조직폭력배의 발호 실태와 대응 상황」은 김두한 씨를 현대적인 조직폭력배의 원조로 보고 있다. 김씨와 활동한 시기가 비슷한 김후옥(金厚玉), 김사범(金四範), '시라소니' 이성순(李聖淳, 1917~1983) 등은 조직을 이끌지 않아 현대적 의미의 조직폭력배로 보기는 어렵다는 것이다.

1918년에 태어난 김두한은 서울 교동국민학교 2학년 때 중

퇴했다. 일제 강점 말기, 서울 종로 지역을 장악하고, 주먹계의 천하통일을 이뤘다. 1945년 광복 이후 한독당(韓獨黨) 재정위원, 대한민주청년연맹 부위원장, 대한노조총연합회 최고위원 등으로 신탁통치에 반대하는 활동을 벌였다. 1954년 3대 민의원으로 정계에 진출했고, 1965년 6대 국회의원 보궐선거에서 당선됐다. '한독당 내란 음모 사건', 국회 발언대에서 정일권(丁一權) 총리, 장기영(張基榮) 부총리 등에게 오물을 투척한 '국회오물투척 사건'으로 1966년에 의원직에서 물러났다.

김두한은 신-구마적을 제압하고 해방 직전까지 서울 종로 1가의 국일관, 우미관을 무대로 활동했다. 종로 화신백화점 뒤편에 있던 우미관극장은 6·25 전쟁 와중에 폭격으로 잿더미로 변했다. 우미관극장은 장안의 경제 이권을 쥐고 있던 화신백화점을 끼고 있었고, 서울의 한복판에 있었기 때문에 우미관극장 골목의 지배권을 잡기 위해 당대 주먹들이 혈투를 벌였던 곳이다. 1940년대 조선의 주먹세계는 한·일 주먹의 치열한 대결장으로 기록돼 있다.

「종로 우미관파」의 두목 김두한, 「서대문파」의 두목 김기환이 조선 주먹을 대표했다. 반면 일본 주먹은 조선에 사는 일본인들의 신변보호 등을 명목으로 야쿠자 두목인 기무라, 하베 등이 조직원들을 이끌고 활동했다고 한다. 이들은 명동과 충무로를 중심으로 활동했는데 김두한이 종로구, 관철동으로 세력권을 넓히면서 자주 주먹싸움을 벌였다.

해방 직전 종로 국일관(國一館)을 중심으로 하는 김두한 사단(김무옥, 문영철 등)과 일본 야쿠자 두목 하야시(한국명 선우영빈) 사단(다무라, 김동회 등)이 서울의 주도권을 놓고 벌인 싸움은 영화「장군의 아들」, 드라마「야인시대」등을 통해 널리 알려져 있다. 하지만 영화나 드라마와는 달리 김두한과 하야시는 일전을 통해 승부를 가리지는 않았다. 현실 속에서는 오히려 서로의 세력권을 인정하고 야쿠자식 의형제 의식까지 치른 것으로 알려져 있다.

주먹들의 싸움실력

"나의 실력은 협객세계에서 '잇뽕(一本)'으로 통하며 인정받았다. 한 방만 치면 손으로 치든지 발로 차든지 상대방이 KO된 것에서 유래됐다. 당시 협객세계는 최고 전성시대였다. 그때 협객은 주로 개인 플레이를 했고, 비겁하게 칼이나 해머, 벽돌 등 흉기를 사용하는 협객이 있으면 그는 협객세계에서 즉각 매장됐다."

전설적 주먹, 김두한 자서전의 한 대목이다. 그가 20살의 나이에 천하를 통일할 수 있었던 비결은 무엇이었을까? 그는 우선 매일 설렁탕을 먹는 등의 양호한 영양상태를 꼽았다. 밥 세끼를 다 챙겨 먹는 사람이 드물었던 1940~1950년대에 잘 먹는 것의 중요성은 아무리 강조해도 지나치지 않았으리라. 다음은 주기적인 운동이었다.

"조선극장 옥상에 샌드백을 달아놓고 매일 트레이닝을 했으며, 역기를 들고, 뛰어넘기 운동을 했다. 스무 살 때 한 길 반 높이에 매달린 샌드백을 손으로 치듯 공중에 뛰어올라 발로 서너 번 찰 수 있었다. 왼손만 짚고 파고다 공원 담을 간단히 뛰어 넘었고, 달리는 택시도 왼손을 짚고 뛰어넘을 수 있게 되었다. 자전거 12대를 세워놓고도 뛰어넘을 수 있었다."

김두한은 자신이 주먹이 된 이유를 활극을 너무 많이 봤기 때문이라고 했다. 그가 17살까지 의탁했던 원 노인은 "왜놈들이 조만간 물러갈 것이니 공부는 하지 말라"고 했다. 그는 "원 노인이 하던 설렁탕 집 앞에 있던 조선극장에 무료로 들어갔는데, 극장 옥상에서 샌드백 치고 철봉과 아령을 하며 매일 영화를 봤다. 당시 영화는 무성영화로 거의 전부가 서부활극이나 칼싸움이었다. 여덟 살 때부터 10년 동안 사람 때리는 것만 봤는데, 아마 그 때문에 주먹대장이 된 것 같다"고 했다.

김두한 출현 이전에도 주먹세계의 강자들은 많았다. 우미관 극장 골목을 지배했던 구마적과 신마적, 뭉치, 셔츠(제비) 등이 있었다. 뭉치는 제자리에서 전봇대의 외등을 발로 차 깨는 기술이 탁월했고, 셔츠는 리어카를 길에 세워놓고 6, 7미터 되는 거리를 날아가며 날리는 발차기가 일품이었다. 그 가운데 도적의 괴수를 일컫는 구마적과 신마적은 당시의 패자였다.

"그는 한 손으로 택시 뒷채를 번쩍 들 수 있는 힘의 소유자다. 잣을 손으로 으깨버리며, 차돌을 손으로 치면 차돌이 빠개지고, 동전도 우그려뜨린다. 6척 장사인 그에게 먹살을 붙잡히면 대롱대롱 매달려 거의 죽는다."

김두한이 묘사한 구마적의 모습이다. 김두한은 그런 구마적을 단 두 방에 보냈다고 자랑했다.

1930년대가 저물어가던 어느 날 저녁, 서울의 한복판인 조선극장 뒤 넓은 터에서 열여덟 살 먹은 김두한과 구마적이 마주 보고 서 있다.

"후배들에게 못된 짓을 많이 하니 오늘 내가 좀 때려야겠다."

김두한이 구마적을 나무라며 휙 날았다. 그의 두 발이 구마적의 안면을 찍었다.

"내가 25관, 구마적이 30관, 합해서 55관이 부딪치니 팍 꼬구라졌고, 일어나는 것을 정면에서 눈과 코 사이의 급소를 다시 발차기로 날려버리니 뻗어버렸다."

신마적 엄동욱은 동경 유학생 출신의 인텔리로, 6척 장신의 거구인데다 구마적보다 힘이 더 셌다고 한다. 친구 머리 위에 사과를 올려놓고 먼발치에서 칼을 던져 사과를 반쪽 낼 정도의 칼솜씨를 가졌다는 얘기도 있다. 일본에서 싸움을 하다 칼에 찔려 내장이 튀어나오는데도 신음소리조차 내지 않고 그것을 움켜쥐고 병원으로 달려갈 만큼 대담했다는 일화도 있다. 그도 조직을 갖지 않은 '나홀로' 싸움꾼이었다. 김두한은 신마적을 엔젤이란 카페에서 문을 닫아 걸고 두들겨 팼다고 주장했다. 신마적은 김두한에게 비록 패했지만, 김두한의 고문 역할을 하면서 친분을 이어갔다. 김두한은 뭉치와 셔츠도 쓰러뜨렸다. 인천 뱃사람 출신인 갈고리패도 꺾었다. 또 목포, 전주, 광주 등의 전국을 차례로 돌아다니며 그 지역의 강자들을 이기고 오야붕에 등극했다고 밝혔다. 그는 전성기 때 전국에 부하가 1만 5천 명이었다고 추산했다.

그가 연전연승한 비결은 무엇이었을까? 김두한은 머리와 양손, 양발을 한꺼번에 쓸 수 있었던 장점을 내세웠다. 특히 날렵하게 뛰어올라 허공을 가르는 눈부신 발차기 실력은 김두한이 자랑하는 가장 강력한 무기였다,

"나의 장기는 발이다. 손보다 발이 더 빨랐다. 혹 싸울 때는 상대방의 어깨에 내 발을 딛고 올라서서 턱을 발로 찰 수 있었다. 그렇기 때문에 나는 40, 50여 명과 대적할 능력의 소유자로 협객세계에 등장한 것이다."

싸움에서 이기기 위해서는 세 가지를 반드시 갖춰야 한다고 했다. 첫째, 맷집이 좋아야 한다. 둘째, 몸이 날쌔야 한다. 셋째, 담대해야 한다. 그는 싸움 잘하는 사람에게는 권투고, 레슬링이고, 당수고, 유도의 고수고 상대가 안 된다고 했다. 아무리 힘이 세도 겁이 많으면 안 된다는 것이다.

김두한은 기술뿐 아니라 치밀한 계획을 짜는 전략, 전술적인 사고를 겸비한 인물이었다. 그는 종로서 유도사범이자 일본 유도왕인 마루오카를 이기기 위해 꼬박 3개월을 준비했다. 먼저 유도 4단에 박치기를 잘하는 부하 김무옥을 보내 마루오카와 싸우도록 했다. 상대의 약점을 파악하고 대비하기 위한 사전 준비작업을 한 것이다.

"김무옥이 한 달 간 질질 끌려 다니며 메치기를 당하면서

마루오카의 장·단점과 동작을 다 파악했다. 그런 김무옥을 데리고 3일 동안 연습했다. 이를 통해 유도선수인 마루오카가 잡으러 들어오면 정강이를 오른발로 걸어 차 무릎을 딱 꿇게 한 뒤 척추뼈를 치면 열십자로 뻗게 할 수 있다는 것을 간파했다."

이 같은 치밀한 작전은 실전에 그대로 적용됐고, 당대 유도의 달인이던 마루오카에게 통쾌한 승리를 거뒀다. 게다가 마루오카와 친해져 그의 '우호적인 보호'까지 받는다. 이쯤 되면 누가 김두한을 단순한 주먹이라 할 수 있을까? 『삼국지』에 나오는 관우, 장비의 무예와 제갈공명의 지략을 겸비한 인물로 볼 수 있지 않을까?

김두한은 또 보통 주먹에겐 없는 자질, 즉 보스의 자질을 갖췄다. 그는 부하인 문영철의 애인이자 기생인 아이란이 돈에 팔려가는 것을 막기 위해 하룻밤에 노상강도를 18차례나 했다. 병든 부하의 입원비를 위해 아편 도둑질을 하기도 했다고 한다. 당시 조직 내 상하관계를 다지는데 가장 필요한 '의리'를 몸소 실천하면서, 카리스마를 쌓아갔던 것이다.

김두한은 당대 주먹의 최강자 자리를 다퉜던 시라소니나 이정재와는 끝내 일대일 대결을 하지 않았다. 실력이 모자라서가 아니라 필요 없는 싸움을 할 이유가 없었기 때문이다. 틈만 나면 힘 자랑이나 하는 주먹이 아니라 치밀한 이해의 득실을 따져 전략적으로 움직인 것이다. 감정을 억누르기 어려운 상황에서도 민첩한 상황 판단과 대단한 자제력을 발휘했다.

필요할 땐 타협도 거부하지 않았다. 그는 충무로를 장악하고 있던 하야시패와 맞서 그가 '장충단 공원의 싸움'이라 이름 지은 대결을 벌였다. 그리고 문영철, 김무옥과 함께 불과 3명의 인원으로 일본도로 무장한 야쿠자 수십 명과 싸워 이겼다. 하지만 1차 대결에서 승리한 뒤, 하야시와 목숨을 걸고 싸움을 계속하는 대신 의형제를 맺는다. 자신보다 나이가 훨씬 많은 하야시를 형님으로 모셔 그의 체면을 세워줬다. 대신 집 한 채 값에 해당되는 돈을 매달 지원 받았다. 하야시가 사실은 일본인이 아니라 조선인이었기 때문에 가능한 일이었다. 하지만 이 사례는 김두한이 명분을 추구하면서도 실리와 타협을 배제하지 않았음을 보여준다. 김두한의 왼팔로 통한 김무옥 씨는 유도 4단으로 전라도 일대에서 싸움의 최고수였다. 박치기와 발길질도 잘했다고 한다. 오른팔로 통한 문영철 씨는 논산이 고향으로, 권투선수 출신이었다. 김무옥, 문영철은 김두한이 종로통 보스, 전국 주먹의 오야붕에 오르는 과정에서 벌인 각종 대결에서 큰 활약을 펼친다. 하지만 두 사람 모두 한국전쟁 과정에서 사망했다.

해방 직후 3대 주먹으로는 김두한, 이정재, 이화룡이 꼽힌다. 「명동파」의 이화룡은 평양 출신으로, 시라소니와 동갑이다. 위력적인 박치기가 주특기였다. 하지만 싸움실력보다는 조직력을 바탕으로 오야붕 자리에 올랐다. 당시 명동에는 금융회사 등의 기업들이 많아 '경제주먹'으로 꼽히기도 했다. 그는 일본 메이지대 2학년 때 동양레슬링 헤비급 챔피언을 지낸 황병관 등을 참모로 뒀다.

경기도 이천 출신인 이정재 씨는 중동고보를 다니다 휘문고보로 전학을 했다. 그는 씨름실력이 대단해 전국씨름대회 3연승을 기록한 장사였다. 그러나 이씨 역시 싸움실력보다는 조직을 만들고 유지하는 관리능력이 더 큰 장점이었다.

김두한 씨 회고대로 1930~1940년대만 해도 주먹으로 승부를 가르고 승자는 패자에게 관용을 베풀고 패자는 승자를 인정해주는 낭만이 살아 있었던 모양이다. 하지만 그 같은 낭만적 대결의 시대는 정치와 주먹이 손을 맞잡는 해방 이후에는 상상하기 어려운 모습이 된다.

해방 전후와 1950년대, 정치깡패 전성시대

피로 얼룩진 해방 정국

가난과 식민 통치의 잔재, 좌익과 우익의 격한 사상적 대립 등 시대의 어둠이 짙게 깔린 해방 전후의 서울 뒷골목은 흉기를 든 조직폭력배들이 지배하는 세상이었다. 특히 해방 이후 주먹들은 좌·우익의 극한 대립이라는 시대적인 균열 위에서 주먹과 이데올로기의 결합이라는 불행한 역사의 소용돌이로 빨려 들어갔다. 그 결과, 좌익 테러와 우익 테러가 정면으로 마주치면서 한국 정치를 테러와 보복 테러라는 추악한 핏빛으로 물들인다. '의협심' '의리' 같은 감상적인 언어들 대신 반동과 빨갱이라는 정치 언어들이 더 자주 사람들의 입에 오르내렸다.

해방 전후, 한국전쟁 그리고 제1공화국 시대에 이르기까지 조직폭력배들은 정치가 주업이고, 선거유세장과 전당대회가 주무대라 할 만큼 '정치깡패'의 전성시대를 구가했다.

제1공화국 시대 정치세력들은 조직폭력배들을 유력한 정치수단으로 활용했다. 반대 세력을 탄압하기 위해 깡패를 동원했고, 야당은 정부의 탄압에 맞서기 위해 다시 깡패를 동원했다. 1950년대 대규모 정당 집회나 정치 지도자의 시국 강연회에는 주먹들이 각목을 들고 난입하여 집회를 강제로 해산하려는 방해공작이 잦았다. 한때 항일애국투사를 자처하던 주먹들이 민주주의를 핏빛 폭력으로 물들이는 정치적 악(惡)의 축으로 추락한 것이다. 특히 우익 정치깡패는 국민적 지지가 약했던 이승만 정부와 유착하여 권력과 주먹의 유착이란 악습을 이어갔다.

해방 직후 미군정 치하 서울의 폭력조직 분포는 청계천의 수표교(조선 세종 때 청계천에 세운 돌다리로 원래 청계천 2가에 있었으나 1959년 복개공사 때 장충단공원으로 이전됐다)를 중심으로 양분됐다.

수표교 북쪽 지역은 「김두한파」가 종로 우미관 일대를, 「동대문파」의 이정재가 동대문시장을 장악했고, 「종로파」 심종현(일명 아오마스), 「서대문파」 최창수, 「광화문파」 장영빈 등은 「범종로파」를 구성했다. 반면 수표교 남쪽은 「명동파」가 지배했다. 시공관 일대의 「이화룡파」, 중앙극장 일대의 「정팔파」가 주축을 이루고, 미도파백화점과 시청 앞을 장악한 「홍영철파」, 스카라 극장 일대를 장악한 「안(安) 소위파」, 남대문

시장을 무대로 한 「엄복만파」 등이 「명동파」에 속했다. 이들은 때때로 활동구역(일명 나와바리)의 이권을 놓고 주먹대결을 벌이기도 했으나 반공이란 명분 아래 좌익 세력에 대한 정치 테러와 야당 탄압에 주로 나섰다

이 시기의 가장 대표적인 폭력 사건으로는 1946년 10월에 발생한 '철도 총파업장 난입 사건'이다. 당시 대한 민주청년당 감찰 부장을 맡고 있던 김두한 씨가 좌익 세력이 주도한 철도 총파업장에 부하들을 이끌고 쳐들어가 파업자들과 난투극을 벌였고, 상당수의 철도 노동자들이 부상한 것으로 기록돼 있다. 이 사건을 필두로 해서 1950년대 내내 무수히 많은 정치 폭력 사건이 일어났다.

정치폭력은 전쟁중에도 계속됐다. 한국전쟁이 한창이던 1952년 '부산 정치 파동'이 대표적인 사건이다. 전쟁에서 밀려 부산으로 임시 수도를 옮긴 이승만 정권은 직선제 개헌안을 추진했지만 국회에서 야당의 반대로 부결됐다. 그러자 이승만을 지지하는 세력들의 사주를 받은 조직폭력배들이 백주 대낮에 국회의사당 점거를 기도한다. 바로 '부산 정치 파동'으로 기록되는 사건이다.

당시 기록에 따르면 조직폭력배들은 '백골단' '딱벌레' '민중 자결단' 등의 우익 단체로 위장했다. 그들은 "애국자 이승만 박사를 반대하는 반민족 의원을 처단하라"는 등의 벽보를 시내 곳곳에 붙이고, 유인물을 뿌리며 '관제 데모'를 벌였다. 일부는 직선제 개헌에 반대한 의원들을 반민족적인 인사로 규

정하고, 처단해야 한다면서 국회의사당으로 대거 몰려가 점거를 기도했다.

정치폭력은 국민의 알 권리도 짓밟았다. 정권에 비판적인 기사나 사설을 쓰는 언론사에 대한 테러 사건도 적지 않게 일어났다. 1955년 3월 14일, 대구매일신문이 정부를 비판하는 사설을 내자 40여 명의 폭력배가 대구시 한복판에 있는 대구매일신문 사옥에 난입하여 난동을 부렸다.

사법부도 예외는 아니었다. 1958년 7월 2일, 서울지방법원은 '진보당 사건'으로 기소된 조봉암 진보당 당수에게 간첩 방조죄만을 적용해 징역 5년을 선고하고, 함께 기소된 피고인 17명에 적용됐던 국가보안법 위반 혐의에 대해 무죄를 선고했다. 그러자 '반공 청년'을 자처하는 200여 명이 법원 청사에 난입하여 '용공판사 타도하라'는 구호를 외치며 격렬한 시위를 벌였다. 당시는 엄격한 증거에 따른 재판보다는 '사상이나 생각이 다르면 유죄'라는 이념적 낙인이 먼저 찍히던 시절이었던 것이다.

정치깡패의 대명사, 이정재

'말렌코프'란 별명으로 불리며 '한국판 알 카포네(1930년대 미국 시카고를 중심으로 활동한 마피아 두목)'로 통했던 이정재 씨는 '정치깡패의 대명사'로 꼽힌다.

임화수, 조병렬, 유지광 씨 등을 거느리고 '동대문 사단'을 이끌며 각종 이권에 개입하고 청부 폭력을 행사하며 악명을 얻었다. 그는 자유당 정권의 실권자로 군림했던 이기붕 씨와 결탁하여 야당 탄압 공작에 동원돼 지탄을 받았다. 이씨는 결국 5·16 군사 쿠데타 이후 범죄단체 수괴 혐의로 혁명 재판에 회부돼 사형을 선고받고 1961년 10월 19일, 형장의 이슬로 사라졌다.

1917년에 태어난 이씨는 경기도 이천읍 호법면 출신으로 김두한 씨보다 한 살 위이다. 하지만 18살에 전국을 제패한 김두한 씨는 이씨를 항상 '부하'나 '동생'으로 취급했다. 이씨는 일제 말 김두한 씨 등이 징용을 피하기 위해 조직한 주먹들의 단체인 반도의용정신대 서무계장직을 맡아 건달세계에 등장한다. 당시 그 외에는 글을 읽고 쓸 줄 아는 사람이 없어, 그가 서무계장을 맡았다고 한다. 해방 이후 경찰에 입문했다가 건국 뒤 반민족특별위원회 활동을 했으나 반민특위가 해체되자 경찰을 사직하고 동대문시장의 삼양상사라는 상호로 광목장사를 시작했다. 1951년 1·4후퇴 때 부산으로 피신하여 장사를 하기도 했는데 부

자유당 시절의 정치깡패 이정재. 1961년.

산의 주먹들에게 둘러싸여 위기에 빠진 그를 시라소니가 구해 준 일화가 있다.

하지만 1953년, 이씨의 지시를 받은 동대문패 주먹들은 시라소니에게 집단 린치를 가한다. 유명한 '시라소니 린치 사건'이다. 이씨는 전후 동대문시장 상인연합회를 조직하여 가장 강한 주먹으로 부상한다. 1950년대 각종 정치집회에서 집권 자유당의 폭력 전위대로 활동하면서 야당의 단골 경비부장을 맡았던 김두한 씨와 자주 충돌했다.

그 가운데 1955년 7월 30일, 시천교 교당에서 두 사람이 맞설 뻔한 사건은 유명하다. 당시 이범석 계열의 민족청년단 측 인사들이 시천교 교당에서 자유당에 반대하는 당을 만들려는 행사가 열렸다. 김두한 씨는 창당지지 입장이었고, 이정재 씨는 자유당의 사주로 방해조직을 이끌었다.

단상에서 두 사람이 정면으로 마주쳤다. 이씨가 단상을 점거하자 객석의 김씨가 단상에 올라가 이씨의 멱살을 잡고 오른손 주먹을 쳐들었다. 그러자 이씨는 김씨의 허리띠를 오른손으로 움켜잡고 왼손으로 어깨를 움켜쥐며 박치기를 할 태세를 취했다. 하지만 당대 주먹 사이의 정면 대결은 일어나지 않았다. 1, 2분간의 긴장상태가 이어지다가 출동한 경찰의 제지로 싸움은 일어나지 않았던 것이다. 싸웠다면 누가 이겼을까? 정의의 투사 이미지가 강한 김씨의 우위를 예상한 사람이 많지만 결과는 아무도 모를 일이다.

1957년 5월 25일, 서울 장충단공원에서 발생한 '5·25 장충단 민주당 시국 강연회 방해 사건'도 이정재와 김두한이 정면 충돌한 사건으로 유명하다. 봄기운이 완연한 5월 하순, 서울 장충단공원에 20여 만 관중이 모였다. 이승만 독재정권을 규탄하는 시국 강연회를 듣기 위해서였다. 강연이 막 시작될 무렵 50여 명(당시 언론 보도는 1,000여 명)의 폭력배들이 각목을 들고 야유를 퍼부으며 단상으로 돌진했다. 강연회는 난입한 깡패들과 그들을 제지하는 사람들이 뒤엉켜 난장판이 됐다. 주최 측 경비 책임자는 김두한 씨였다. 난동의 배후로는 자유당 전 감찰부 차장이던 이정재 씨가 지목됐다. 현장 난동의 책임자로는 유지광 씨가 지목됐다.

국민의 여망을 깡패를 동원하여 유린한 이 사건에 대해 국민의 비판 여론이 비등했다. 하지만 이승만 정부의 압력에 따라 경찰 수사는 두 달이 넘도록 같은 자리를 맴돌았다. 그 해 7월, 여론이 극도로 나빠지자, 검찰이 나서 유지광 씨, 「명동파」 두목 이화룡 씨, 「종로파」 두목 심종현 씨 등을 구속한다. 이화룡 씨의 부하로 함께 구속된 사람 중에는 후일 '신 상사'라고 불리며 1960~1970년대 주먹을 주름잡은 신상현 씨가 포함돼 있다.

김두한 씨와 이정재 씨의 일대일 대결은 이뤄지지 않았다. 두 사람 모두 조직을 이끌고 있는 두목의 입장에서 상대와 싸워 이겨서 얻을 수 있는 이익보다는 졌을 때 받을 상처가 워낙 커 위험을 감수할 필요가 없었기 때문이라고 측근들은 분석하고 있다.

전설적인 주먹, 시라소니 이성순

1961년 5월 21일, 5·16 혁명의 총성이 채 가시지 않은 서울의 거리를 일단의 무리들이 고개를 숙인 채 걷고 있었다. 행렬 맨 앞줄에는 씨름으로 단련된 우람한 몸집의 이정재 씨가 있었다. 한때 막강한 권력을 누린 그였지만 이 순간만은 초점을 잃은 눈을 둘 곳을 찾지 못하는 듯했다. 수백 명의 깡패들이 이씨의 뒤를 따랐다. 그들의 가슴에는 각기 본명과 별명을 적은 이름표가 달려 있었다. "우리는 깡패입니다. 우리는 사회의 악입니다. 사회의 심판을 달게 받겠습니다." 그들의 손에는 이런 문구들이 적힌 플래카드가 들려 있었다.

한 중년의 사내가 심각한 표정으로 그 모습을 지켜보다 중부시장 안의 한 교회로 발길을 옮겼다. 사내의 가슴엔 권총 한 자루가 감춰져 있었다. 예사롭지 않은 그의 눈에는 살기가 감돌았다. 그는 7년간 간직해오던 권총을 목사에게 주며 말했다.

"목사님, 원수를 잊겠습니다."

이 사내는 한때 중국 대륙과 한반도를 통틀어 주먹의 1인자로 통하던 시라소니 이성순 씨였다. 1953년, 이정재 씨의 부하들에게 치욕적인 린치를 당한 것에 대한 앙갚음을 준비해온 그였지만, 이씨의 처절한 몰락을 보며 복수의 마음을 접은 것이다. 이성순 씨는 당대의 오야붕 김두한 씨나 동대문 사단의 이정재 씨보다 싸움실력만큼은 한수 위로 꼽혔던 전설적인 주먹이다. 제1공화국 시절 정치주먹으로 유명했던 유지광 씨도

1961년 5월 21일 자유당 시절의 정치깡패 두목 이정재를 비롯한 약 2백 명의 깡패들이 군경의 엄호 아래 덕수궁을 출발, 시내 중심가를 행진했다.

자신의 저서 『정치주먹 천하』에서 "우리 나라의 전설적인 주먹 가운데 시라소니를 능가할 사람은 없다. 싸움의 묘기는 최고수고, 일대일 맞상대 실력은 가히 일품이다"며 그의 실력을 예찬했다.

1917년에 신의주 부농의 둘째 아들로 태어난 그는 17살 때부터 달리는 열차에 뛰어 오르는, 이른바 '도비노리(飛乘)'란 기술로 밀무역을 했다. 중국 만주와 심양, 북경, 천진, 상해 등을 돌아다니며 중국의 유명한 주먹들을 제압하고 일본인들을 혼내면서 유명해졌다. 스라소니(어미에게 버림받았으나 혼자 힘으로 살아남은 새끼호랑이)처럼 민첩하게 움직이고 추격하는 일본인들을 감쪽같이 따돌린다 해서 시라소니(스라소니의 사투리)라는 별명으로 불렸다.

그의 주특기는 '공중걸이'라는 위력적인 박치기였다. 상대방의 2, 3미터 전면에서 몸을 날려 상대를 이마로 받아치는

47

해방 전후 중국 대륙과 만주,
한반도의 주먹사회를 주름잡
았던 '시라소니' 이성순, 사
진 왼쪽.

기술이다. 또한 앉은 자리에서 3미터를 훌쩍 날아 상대방을
들이받고 눈부신 발길질로 상대를 제압하는 기술이 가히 예술
의 경지에 올랐다고 한다.

1945년 7월, 친구에게 뭇매를 가한 봉천의 깡패두목 가네
미야(金宮)의 조직원 40여 명과 홀로 대결하여 이겼다는 일화
는 주먹계의 신화로 통했다. 그도 해방 직후 서북청년단 감찰
부장을 맡아 좌익과 맞섰고, 장면 씨와 신익희 선생의 선거 참
모를 지내는 등 정치에 깊이 관여했다. 하지만 그는 고독한 시
라소니처럼 조직을 거느리지는 않았다.

그는 1948년 4월 월남한다. 당시 야쿠자들이 자리를 비운
명동은 무주공산이었다. 이 패권을 놓고 평남, 함남 등 남도
출신들이 만든 「대동강 동지회」와 북도 출신들이 만든 「압록
강 동지회」가 대결했다. 대동강 동지회는 이화룡, 황병관이
중심이었으며, 압록강 동지회는 '맨발의 대장'으로 통한 정팔
이 중심이었다. 수적으로 불리했던 압록강 동지회가 그를 해
결사로 초청한 것이다. 이씨는 그러나 1953년 여름, 이정재의

동대문 사단 패거리에게 집단으로 린치를 당한 뒤 진보당 대통령 후보인 조봉암의 보디가드, 장면 총리의 경호원 노릇을 하다가 종교에 귀의한 뒤 1983년에 사망했다.

신도환과 반공청년단

1950년대와 함께 이승만 체제가 저물어가던 때인 1959년 8월 신도환 씨 주도로 「반공청년단」이 조직된다. 검찰의 내부 교육자료에 따르면 이 조직은 정치폭력을 조직화하기 위해 만들어진 단체다. 국민의 지지를 상실한 이승만 정권이 1960년 3월 15일, 예정된 선거에 대비하여 정치 단체로 출범시킨 것이다. 하지만 반공청년단은 이듬해 4월 18일, '3·15 부정선거'를 규탄하는 '고대생 피습 사건'을 주도함으로써 이승만 정권 붕괴에 결정적인 계기를 제공했다. 정권 사수를 위해 만든 정치폭력조직이 정권의 숨통을 끊는 계기를 제공한 셈이다.

당시 반공청년단은 고려대생 등 3,000여 명의 학생들이 '3·15 부정선거 무효'를 주장하며 고대 앞에서 광화문 국회의사당까지 가두시위를 벌이자 시위대가 학교로 돌아오는 길목인 종로 4가 천일백화점 앞에서 학생들을 습격해 수십 명에게 부상을 입혔다. 쇠갈쿠리, 야구방망이 등의 흉기가 대거 동원됐다.

결국 이 폭력 사건은 제1공화국에 대한 국민들의 반감에 기름을 부었고, 그 이튿날 '4·19 학생혁명'이 일어난다.

1960년대, 군사혁명과 전국 조직의 탄생

  1960년대는 학생혁명과 군사혁명으로 시작됐다. 두 개의
혁명을 잇달아 경험한 국민들의 민주화 열망은 한껏 달아올랐
고, 가난과 굶주림에서 벗어나려는 근대화의 열정이 경제개발
계획의 추진과 함께 궤도에 오르던 시대였다.

  1950년대 정치주먹으로 이름을 날리던 깡패들은 혁명의 무
시무시한 분위기 속에서 독재권력을 지탱하던 정치·사회적
구악으로 지목돼 처단된다. '3·15 부정선거'와 '고대생 피습
사건'에 독재권력과 유착된 조직폭력배들이 개입한 사실이 밝
혀지면서 사건의 주범들이 군사혁명 법정에서 사형을 선고 받
고 형장의 이슬로 사라진다. 경제개발과 함께 도시화가 급격히
진행되자 전국 각지에서 주먹들이 대거 서울로 상경하여 주로

유흥과 향락 사업과 관련한 이권에 개입하면서 본격적인 '폭력조직'이 태동하기 시작한 것도 이 시기다.

삼청교육대의 원조, 국토 건설단

1960년 이승만 대통령은 4·19 학생혁명으로 권좌에서 물러나 하와이로 망명한다. 민주당의 장면 총리 주도로 과도 정부가 수립되자 검찰과 경찰은 '고대생 피습 사건'에 대한 전면 수사에 착수한다.

결국 이 사건은 「반공청년단」 단장 신도환 씨의 지시로, 반공청년단 종로구 단장인 임화수 씨, 종로 동부 특별 단장인 유지광 씨 등 정치깡패들이 조직원들을 동원해 일어난 사건으로 밝혀졌다. 신도환, 임상억, 강승일, 문장주 씨 등 17명이 특수 폭행치상죄 등의 혐의로 구속, 기소됐다.

고대생 피습 사건.

51

이승만 정권이 무너지자 정치깡패들의 행패에 시달렸던 국민들의 분노가 폭발했다. '깡패 척결'에 대한 여론이 비등하자 검찰과 경찰은 청계상우회 회장이던 이정재, 부회장 김복록, 서울가극단 단장이던 박호, 조열승, 홍영철 씨 등에 대한 수사를 벌여 이씨 등 20명을 특수 감금죄와 공갈죄 등으로 구속했다.

하지만 1960년 10월 8일, 1심 재판부는 신도환 씨에게 무죄를 선고하고, 임화수, 유지광 씨에게는 실형을 이정재, 조열승씨 등에 대해서는 집행유예를 선고했다. 솜방망이 처벌이란 비난과 함께 민심이 흉흉해지자 정부는 이른바 '소급입법(법 제정 이전에 이루어진 행위에 대해서도 법률적인 효력이 미치는 법을 만드는 것)'에 따른 개헌에 착수한다. 재판이 중단된 상태에서 헌법 개정으로 '민생반역자에 대한 형사 사건 임시처리법'이 제정되고 15명이 특별재판소로 이송됐다. 그후 5·16 군사혁명이 일어나자 혁명 재판소가 이들 사건을 처리한다.

군사 정권이 들어서자 제1공화국 때 잘나갔던 조폭들이 총·칼을 앞세운 군인들의 군화발에 짓밟혔다. 박정희 소장 주도의 5·16 군사혁명 주체 세력은 '사회악 일소'라는 명분을 내세워 주먹들을 대거 잡아들였다. 혁명 과업 달성이란 명분 아래 군인들의 처벌은 가혹했다.

군사 정부는 1961년 6월에 '혁명재판소 및 혁명 검찰부 조직법'을 제정했다. '폭력행위 등 처벌에 관한 법률', '특수범죄처벌에 관한 특별법'도 만들었다. 대대적인 합동 단속이 뒤

따랐다.

정치주먹의 화신으로 지목된 이정재, 임화수 씨는 혁명 특별 재판부에 의해 사형선고가 내려진 지 10여 일 만에 전격적으로 교수형에 처해졌다. '고대생 피습 사건' 1심 재판에서 무죄를 받은 신도환 씨는 다시 재판에 회부되어 징역 20년의 실형을 선고 받았다.

군사 정부는 '국토 건설단'을 조직, 폭력배들을 대거 잡아들인 다음 오지 중의 오지로 꼽히던 제주도로 보냈다. 그들을 기다리고 있는 것은 가혹한 강제 사역이었다. 1980년 신군부 세력이 실시한 '삼청교육대'의 원형인 셈이다. 당시 검찰 수사 기록은 1961년에 폭력배 13,387명이 검거됐다고 밝히고 있다. 국토 건설단에 보내진 폭력배들은 478명이었다.

박정희 대통령의 치적에 대한 역사적 평가는 엇갈린다. 하지만 조폭 척결에 대한 박 대통령의 의지는 강력했다고 각종 기록과 관계자들은 평가한다. 경찰의 묵인 아래, 백주 대낮에 수십 만 명이 모인 군중집회에 출현하여 각목을 휘두르던 주먹들은 혁명 정부의 강력한 단속을 피해, 어둠의 뒷골목으로 급히 몸을 숨겼다.

「신상사파」와 「호남파」의 등장

군사 정권의 서슬퍼런 강권 통치 아래서도 폭력조직들은 세대교체와 함께 세력 확장을 꾀하기 시작한다. 1963년 12월

27일 혁명위원회가 민간 정부로 권력을 이양하는 시기를 전후해 주먹세계에도 새로운 강자가 등장한다.

학생혁명과 군사혁명을 거치면서 이정재, 이화룡 씨 등 기존의 강자들이 사라졌다. 그 자리를 차지한 신흥 세력의 보스는 신상현 씨였다. 육군 상사 출신으로, '신상사'로 더 잘 알려진 그는 전성기 때 100여 명의 부하를 거느렸다고 한다. 1950년대 전성기 시절, 이정재 씨의 「동대문 사단」이나 김두한 씨의 조직에 비하면 적은 숫자일지 모른다. 그러나 그는 1960년대 중반 이후 명동·충무로·을지로 일대를 장악하여 10년 가까이 주먹세계의 1인자로 통했다.

한편 1960년대 초반에 광주·전주·목포·순천 등 호남 지역 주먹들이 대거 상경했다. 이른바 「호남파」 또는 「호남 연합파」로 불린 조직들이 형성되기 시작한 것이다.

도시를 중심으로 한 경제개발이 진행되면서 일자리와 기회를 찾아 젊은이들이 서울로 몰려들었다. 배운 것 없고, 가진 것 없는 시골 청년들이 서울에서 처음으로 자리를 잡은 곳은 유흥가가 집중돼 있던 서울의 무교동 주변이었다. 먼저 상경한 사람이 무교동 유흥업소의 영업부장 자리를 차지한 뒤 고향 후배들을 챙기고, 한 후배가 유흥업소에 취직하면 다른 후배의 뒤를 봐주는 식으로 세력권이 형성되기 시작했다.

경제개발이 궤도에 오르고 도시화가 진행되면서 밤의 산업도 같이 번창하기 시작했고, 이권이 커지면서 주먹들의 조직화도 진행된다. 차츰 명동·충무로·무교동 등 유흥가 밀집 지역의 관할권을 두고 기존의 조직과 신흥 조직 사이의 갈등과 경쟁이 격화되기 시작했다.

「호남파」의 중심인물은 박종석(본명 박익, 일명 번개) 씨였다. 박씨는 뛰어난 태권도 실력에다 의리도 있었고 후배들을 잘 챙겨 호남 출신 후배들이 많이 따랐다고 그의 지인은 전했다. 그는 1960년대 초반 서울 소공동의 한 유흥업소 영업부장으로 일했는데, 갈 곳 없는 후배들이 주변에 모였다고 한다. 박씨는 이들에게 일자리를 소개해주면서 자연스럽게 중심인물이 됐다. 변변한 산업 기반이 없던 당시, 호텔 나이트클럽이나 음악다방, 유흥업소 영업부장 자리는 가장 큰 이권이었다. 영업부장이 되면 웨이터 여러 명을 거느릴 수 있고, 안정적인 수입원도 확보할 수 있었다. 따라서 폭력조직들 사이의 다툼은 주로 어느 조직이 어느 유흥업소의 영업부장 자리를 차지하느냐를 놓고 일어났다. 유흥업소 갈취형 행태가 많았다는 얘기다.

당시 주먹세계를 천하통일한 세력은 「신상사파」였고, 이제 막 세력을 결집, 성장하던 호남 연합세력들은 내놓고 도전하는 양상은 아니었다. 하지만 술집 등 관리 영역(나와바리)을 놓고 양대 조직의 부하들 간에 사소한 다툼이 계속됐다.

군사혁명 정부의 철퇴로 잠시 잦아드는 듯했던 정치깡패들은 대통령 선거와 총선 등 정치 열기가 뜨거워지자 조심스럽게 활동을 재개했다. 군사 정부의 단속 의지도 차츰 희미해져 갔다. 큰 조직으로 움직인 것은 아니지만, 여·야 정당의 청년국 명단에는 자주 주먹들의 이름이 등장힌다. 각종 선거 과정에서 후보자들의 경비나 경호가 필요했기 때문이다. 제1공화국 시절, 정당의 각종 집회나 전당대회의 경비를 주먹들이 맡던 관행이 청산되지 않았던 것이다. 1971년, 이른바 '신민당 반당대회(反黨大會) 사건'은 차츰 고개를 들던 정치권력과 주먹 간의 유착을 보여 주는 대표적인 사건이었다.

1970년대, 회칼과 패밀리

1970년대는 고도 성장과 유신독재가 짝을 이뤘다. 근대화 세력과 민주화 세력 간의 갈등이 전에 없이 깊어갔다. 두 차례에 걸친 오일 쇼크에도 불구하고 한국 경제는 사상 유래 없는 고속 성장을 질주했다. 반면 3선 개헌, 7·4 남북공동성명, 유신 선포, 긴급조치, 닉슨 독트린과 주한미군 철수 등의 정치적인 격변이 잇달아 발생했다.

서울의 뒷골목에도 점차 갈등이 고조됐다. 성장하는 신흥 조직과 기존 조직들 사이에 일촉즉발의 긴장상태가 조성됐다. 1970년대 중반, 조직 간 싸움에 회칼이 등장하고 「신상사파」가 몰락한다. 그리고 「호남파」가 패권을 장악한다. 「호남파」 내부에선 주도권을 놓고 다시 피비린내 나는 '3년 전쟁'이 벌어진다. 그리고 '3내 패밀리' 주도 체제가 성립된다. 하지만 조폭들 간 전쟁과 세력의 재편은 잘 알려지지 않은 채 진행됐다. 권력의 언론 통제가 심했기 때문이다. 암흑가의 싸움은 대중에게 공개되지 않은 채 은밀하게 이뤄졌고, 싸움의 양상도 갈수록 잔혹하고 무자비해졌다. 청부살인, 아킬레스건 절단 등 무시무시한 용어들이 등장했다.

'사보이 호텔 사건'과 3대 패밀리

1972년 7·4 남북공동성명이 발표됐다. 석 달 뒤인 10월 17일엔 '10월 유신'이 선포된다. 유신 정부의 적나라한 강압 통치가 시작된 것이다. 이와 함께 '사회악 일소' 차원에서 「호남파」의 두목급 9명이 구속된다. 하지만 무교동 등에 세력권을 형성한 「호남파」의 기세는 꺾이지 않았다. 검찰 내부자료에 따르면 당시 폭력세계의 판도는 명동 등 서울 중심부를 「신상사파」가 장악하고 있었다. 반면 「호남파」가 흩어진 각 지역의 유흥업소에 조금씩 진출하면서 세력을 키워갔다.

「호남파」는 다시 오종철 씨를 두목으로 하는 「오종철파」, 박종석 씨를 두목으로 하는 「박종석파」로 나뉘었다. 검찰의 내부 자료는 오종철 씨의 직계 후배로 조양은 씨, 박종석 씨의 직계로 박영장 씨, 오기준 씨, 김태촌 씨 등을 지목했다.

「신상사파」와 「호남파」는 주류 공급권, 관내 호텔과 유흥업소 등의 정기 상납금을 둘러싸고 갈등을 빚었다. 그러다가

1974년부터 '조폭들의 전쟁'이 발발하기 시작했다.

1975년 새해가 밝아올 무렵인 1월 2일 아침, 서울의 한복 판인 충무로 1가에 있는 사보이 호텔에서 조폭 간 전쟁이 시작된다. '명동 사보이 호텔 회칼 난자 사건'으로 명명된 사건이다.

검찰과 경찰 자료에 따르면 그 날 아침 조창조, 조양은 씨 등은 「호남파」소속 조직원 10여 명을 규합했다. 이들은 생선 회칼과 야구방망이 등 흉기를 들고 명동 사보이 호텔 커피숍을 덮쳤다. 커피숍에선 「신상사파」간부들이 신년회를 막 시작하던 참이었다. 내로라하는 주먹세계의 실력자들이었지만 회칼로 무장하고 급습한 신예들을 당할 수는 없었다. 「신상사파」의 주요 실력자들은 심한 부상을 입고, 도주했다. 호남연합 세력의 습격에 힘 한번 써보지 못하고 처참한 패배를 당한 것이다.

사실 조폭 간 싸움에서 생선회칼이 등장한 것은 훨씬 이전부터다. 그러나 유신 정권의 서슬이 퍼렇던 시절, 새해 벽두, 서울 한복판 명동의 호텔에서 당대의 폭력조직들 사이에 칼부림이 일어났다고 상상해보라. 그 충격은 유신 정부를 긴장시키기에 충분했을 것으로 추정된다. 정부는 곧 사건 가담자들에 대한 소탕령을 내렸고, 유흥업소 주변 폭력배에 대한 대대적인 단속이 시작됐다. 여하튼 이 사건을 계기로 조폭 간 싸움에 생선회칼, 일본도, 쇠파이프 등의 무기가 빠짐없이 등장하기 시작했다. '연장질' '작업'이라는 폭력계의 은어와 함께 '칼잡이' 시대가 도래했다고 검찰은 평가하고 있다.

사보이 호텔 사건을 계기로 「신상사파」는 와해되고 조창조,
조양은 씨 등은 사건 직후 잠적했다. 당시 「호남파」의 거두로
꼽히던 인물들도 줄줄이 구속됐다. 이때 「신상사파」가 사라진
서울 뒷골목의 패권을 둘러싸고 「호남파」도 내부적으로 분열
된다. 검찰 관계자들은 「오종철파」가 우위에 있고 「박종석파
(번개파)」가 형식적으로나마 휘하에 있었으나, '사보이 호텔
사건'을 계기로 타격을 덜 입은 「번개파」가 「오종철파」에 도
전하기 시작했다고 증언하고 있다.

한 해 뒤인 1976년 3월, 서울 무교동 엠파이어 호텔 후문
주차장에서 오종철 씨가 김태촌 씨가 이끈 조직에 의해 피습
당해 불구가 된다. 그러자 오종철 씨의 후배인 조양은 씨 등이
'피의 보복'을 다짐하면서 조직 간 전쟁이 일어난다. 조양은
씨는 자서전『어둠 속에 솟구치는 불빛』에서 이 기간을 '3년
간의 전쟁'으로 표현했다. 그는 "나와 김태촌 씨 사이에 쫓고
쫓기는 피를 말리는 시간이었다"고 회고했다.

두목인 오종철 씨가 난자를 당해 불구가 되자 2인자 격이었
던 조양은 씨가 조직의 두목으로 부상했다. 오씨를 급습한 김
태촌 씨도 「번개파」 내부의 새 강자로 등장했다. 김씨는 박종
석, 박영장 씨 그늘에서 벗어나 독자적인 세력을 구축하기 시
작하였고, 고향 선배인 오기준 씨를 두목으로 한 「서방파」를
결성한다.

조양은 씨와 김태촌 씨의 대결은 1976년 4월에 일어난 서
울 태평로 아시아호텔의 '「서방파」 습격 사건' 등의 조직 간

폭력 대결로 비화된다. 그리고 서울, 광주 등 전국을 무대로 진행된다. 김태촌 씨는 전쟁 와중인 1976년 5월, 신민당 '각목 전당 대회'에 조직원들을 대거 동원해 정치권 인맥을 과시했다고 검찰 수사 기록은 밝히고 있다.

1976년 5월, 김영삼 씨와 이철승 씨는 신민당 총재직을 놓고 맞대결을 벌였다. 표 대결이 예정된 신민당 전당대회 3일을 앞두고 이씨 측의 요청을 받은 김태촌 씨는 가짜 당원증을 소지하고 신민당사로 난입했다. 김영삼 씨 측이 동원한 주먹들과 일대 싸움을 벌여, 김영삼 씨 측 주먹들을 몰아내는 데 성공했다. 이철승 씨가 신민당 총재로 선출되는 데 기여한 셈이다. 당시의 수사 기록을 보면 김태촌 씨는 신민당 중앙당 노동부 차장이란 직함을 가지고 있었다.

그러나 1977년, 「서방파」 두목 오기준 씨가 폭력 등의 혐의로 구속된다. 같은 해 10월, 김태촌 씨는 '오종철 씨 습격 사건', '신민당 각목 대회 사건'에 대한 책임을 지고 자수하여 구속된다. 이로써 「서방파」는 일단 와해된다.

경쟁자가 자리를 비우자 조양은 씨가 서울 중심가를 장악한다. 그는 부친의 제삿날인 1978년 11월 10일, 자신의 집에서 서울·광주·대전·순천 등의 조직을 규합하고 「양은이파」를 정식 발족시켰다고 검찰은 설명했다. 조씨는 전성기에 자신의 조직원 수가 1만여 명에 달했을 것으로 추산했다.

이 시기, 이동재 씨를 두목으로 하는 「OB파(이동재파)」가 형성되기 시작한다. 검찰 설명에 따르면 조양은 씨는 광주 충장

로 화신다방을 중심으로 활동하던 「OB파」조직원이었다. 이
조직은 폭력조직 「대호파」의 후신이다. 조씨는 서울에서 「양
은이파」를 결성한 뒤에도 광주 「OB파」의 활동을 겸했다고 한
다. 「대호파」의 후신인 「OB파」는 「구 OB파」와 「신 OB파」
로 갈라지는데, 이동재 씨는 「신 OB파」에 속한 인물이다. 이
동재 씨는 조양은 씨와 김태촌 씨가 경쟁하는 사이 독자 조직
을 키워갔고, 1980년 5월에 두 사람이 구속되자 「OB파」를 완
전 장악, 강자로 급부상했다.

김태촌 씨의 「서방파」, 조양은 씨의 「양은이파」, 이동재 씨
의 「OB파」등 3대 조직은 이때부터 '3대 패밀리'로 불리면서
최근까지 한국 폭력조직의 대명사로 불리게 된다.

전국구 주먹, 이승완 씨와 박영장 씨

검찰 수사 자료는 1970년대 이후 가장 주목해야 할 인물 중
의 한 사람으로 이승완(태권도협회 부회장) 씨를 지목하고 있다.
이씨는 3대 패밀리 보스들의 선배격인 인물로 3대 패밀리와
일정한 관계를 유지하고 있으면서도 전국 폭력세계에서 명실
상부한 거물로 꼽힌다. 전주 출신으로 태권도 국가대표를 지낸
이씨는 1959년, 전주종합체육관 태권도 사범을 맡았고, 1968
년에는 해병대에 창설된 태권도부 지도사범을 지낸 것으로 알
려져 있다. 검찰 분석 자료는 이씨가 1970년대 말, 동대문에서
주류 도매상을 경영하여 부를 축적했다고 밝히고 있다. 또 강

력통 검사들은 이씨가 1979년, 서울 국산 양주 주류판매 조합장을 지내면서 주먹세계보다는 정치권 인사들과 가깝게 지내면서 독자적인 영역을 구축했다고 밝히고 있다.

이씨는 1970년대 후반, 전쟁을 벌이고 있던 조양은 씨와 김태촌 씨를 불러 화해를 종용하고, 전주「월드컵파」와「나이트파」등의 분쟁을 수습하는 등 주먹세계 배후에서 막강한 영향력을 행사했다고 강력통 검사들은 전했다. 이씨는 전주고를 졸업한 전북 출신으로, 전북 지역 주먹의 대부로 통하지만 동시에 전국적인 영향력을 발휘하고 있다고 검찰 관계자는 설명했다. 이씨는 1980년대 들어 호국청년연합 총재를 지냈고, '용팔이 사건'의 배후로 지목되기도 했다.

또 한 명의 주목할 만한 인물로는 박영장 씨가 꼽힌다. 박씨는 처음에는 광주의「동아파」에 속해 있었다「동아파」가「대호파」와의 경쟁에서 밀린 1970년쯤 서울로 상경하여 무교동을 장악하고 있던「호남파(두목 오종철)」가운데「번개파(두목 박종석)」의 휘하에 들어간 것으로 알려져 있다.

박씨는「번개파」부두목으로, 1975년「신상사파」제거에 기여했고,「번개파」가 오종철 씨를 습격하는 과정에서도 두각을 나타냈다고 검찰 자료는 밝히고 있다. 1976년 5월, 신민당 '각목 전당대회' 때도 김태촌 씨와 함께 개입했다고 검찰은 밝혔다. 박씨는 반공 청년단의 단장으로, '고대생 피습 사건'의 주범으로 지목된 신도환 씨의 사위이기도 하다.

검찰은 주먹세계 인물들과 두루 친분이 있을 뿐 아니라 정치권 인사들과도 교분이 두터운 박씨가 「양은이파」「시빙파」 「OB파」를 망라한 전남 출신 폭력조직들의 구심점 역할을 했다고 보고 있다. 박씨는 이후 김태촌 씨 석방 운동, 이동재 씨 석방에 개입하는 등 각종 폭력 사건의 배후 혐의를 받기도 했다.

1980년대, 신군부 등장과 조직폭력배의 전성기

신군부의 등장과 삼청교육대

1979년 10월 26일 밤, 궁정동 안가에서 울린 몇 발의 총성으로 18년에 걸친 박정희 대통령의 철권통치는 비극적으로 막을 내린다. 절대 권력의 공백을 메운 것은 전두환 소장이 주축이 된 신군부 세력이었다. 1987년에는 김영삼·김대중 씨 등 야권 대통령 후보들의 분열로 노태우 씨의 제6공화국이 출범한다.

정치적으로 1980년대는 군사적 권위주의 정권이 지배한 시대였지만, 경제적으로는 1970년대에 이은 고도 성장기였다.

1988년 올림픽을 전후한 유흥 향락산업의 번창은 조직폭력배들에게 물질적·조직적 기반을 제공하면서 조직폭력배들의 전성시대를 열었다. 이권을 놓고 백주 대낮에 폭력조직 간 살육전이 빈발했고 우후죽순처럼 새로운 조직들이 출현하고 하루가 다르게 성장해 국가 공권력이 손을 쓰기 어려울 정도로 성장했다. 결국 노태우 정부는 '범죄와의 전쟁'을 선포하게 된다.

1980년 5월, 전국에 비상계엄령이 선포되면서 폭력조직들은 대대적인 단속의 된서리를 맞게 된다. 「양은이파」 두목인 조양은 씨는 '순천 「중앙동파」 공격 사건'으로 범죄단체조직 및 살인 미수 등의 혐의로 기소돼 사형을 구형받고 징역 15년을 선고받았다. 비슷한 시기에 석방됐던 김태촌 씨도 조직 재건을 꾀하고 청부 폭력 등을 행사한 혐의로 다시 구속된다. 정권을 잡은 신군부 세력은 집권과 동시에 '사회악 일소 특별조치'를 발표하고 1980년 8월부터 1981년 1월까지 '삼청 제5호'라는 이름으로 대대적인 조직폭력배 소탕 작전을 실시한다. 억울한 상당수의 피해자를 양산했지만, 어쨌든 폭력조직들은 숨을 죽인 채 뒷골목 깊은 곳으로 잠입해 들어갔다.

하지만 공권력의 단속이 잠시 뜸한 사이 폭력조직들의 활동이 다시 활발해지기 시작한다. 1983년을 기점으로 1980년 구속됐던 조직폭력배들이 하나 둘씩 석방되면서 곳곳에 세력권을 형성하고, 지방의 신흥 폭력조직들이 대거 서울로 진출하면서 이른바 조직폭력배들의 전성시대로 접어들게 된다.

수사 관계자들은 30년에 가까운 고도 경제 성장으로 유흥업소들이 우후죽순처럼 들어서고 나이트클럽과 안마시술소 등 폭력조직들의 자금 기반이 엄청나게 확대되면서 폭력조직들이 안정된 자금원을 마련하여 조직을 운영하기 시작했기 때문으로 보고 있다. 이전의 폭력조직들이 '구멍가게' 수준이었다면 이 시기 출현한 폭력조직들은 미국의 마피아형 조직들로 분류된다. 다각화된 사업을 벌이면서 100여 명에 달하는 조직을 운영하고, 정치권, 심지어 수사 기관에까지 막강한 인적 네트워크를 갖추기 시작했다. 중심 무대도 명동과 무교동에서 막 신흥 유흥가로 자리잡기 시작한 서울 강남으로 옮겨졌다. 유흥업소와 주류도매업을 중심으로 활동하다가 채권·채무관계, 주주총회 등에 개입하면서 '해결사'로 악명을 떨치기 시작한 것도 이 무렵이다. 폭력조직들은 오락실, 안마시술소, 경마, 재건축 등으로 사업 분야를 넓혀가면서 황금기를 구가한다.

이 시기에는 김태촌 씨의 구속으로 구심을 잃은 「서방파」의 부두목과 행동대장급들이 각각 약진했다. 그 휘하의 「맘보파」 오재홍 씨 등이 활동을 재개했다. 두목이 구속된 「양은이파」도 「광주 OB파」와 연계하면서 맥을 이어갔다. 「목포파」 강대우 씨, 같은 목포 출신으로 김일국 씨의 부하였던 조원섭 씨 등이 서울로 진출하여 강남에 근거를 마련한 것도 이때다. 목포 출신 장진석 씨가 김동술 씨 등과 합쳐 「진석이파」를 결성하고 강남 유흥가로 진출하는 등 신흥 군소 조직의 활동이 활발해졌다.

「서방파」의 부상과 새마을 축구대회

이합집산을 거듭하던 조폭세계는 1986년 1월, 김태촌 씨의 출소를 계기로 커다란 변화를 겪게 된다. 김씨는 출소 직후, 뿔뿔이 흩어졌던 「서방파」 조직을 재규합하고 개인소장 미술품 전시회 등을 열어 자금을 마련하고, 인천 뉴송도 호텔 나이트클럽 사장에 취임한 뒤 유명 연예인들을 공짜로 출연시키기도 했다. 특히 김씨는 1986년 6월 18일, 서울 한양대 앞 고수부지에서 '새마을 축구대회' 개최를 명목으로 전국의 주먹들을 규합하고 정치인들을 참석시켜 세력을 과시했다. 당시 대회에는 상당수 정치인이 참석하여 축사를 하는 등 김씨의 정치권 영향력을 보여 주기도 했다. 이 행사는 김태촌 씨가 사실상 전국 주먹의 대표 주자임을 안팎에 선언한 것과 다름없

1986년 8월 19일 밤 수갑을 찬 채 서울시경 형사과로 압송된
「진석이파」 두목 장진석(왼쪽)과 행동대장 김동술.

었고 검찰 등 수사 기관들이 김씨의 동태에 대한 밀착 감시에 들어간 계기가 된다.

1986년 8월에는 '서진 룸살롱 사건'이 발생한다. 「진석이파」 두목 장진석 씨 등이 강남 유흥업소 이권을 놓고 다툼을 벌이던 「맘보파」 조직원 4명을 회칼로 무자비하게 난자하여 살해한 사건이었다. 폭력조직 간 피비린내 나는 싸움이 알려지면서 여론은 악화됐다. 「진석이파」 주범들에 대해 사형 또는 무기형이 선고되고 폭력조직 전반에 대한 대대적인 수사가 시작된다. 같은 해 9월 김태촌 씨가 부하들을 시켜 인천 뉴송도 호텔 사장을 습격한 혐의로 검거돼 징역 5년, 보호감호 10년을 선고 받았다.

그와 함께 1970년대 언론 통제로 알려지지 않은 사건들, 3대 패밀리의 실태 등이 점차 일반인들에게 알려진다. 폭력조직들은 강력한 단속을 피해 각개 약진을 모색했다.

'민주당 지구당 창당 방해 사건'

한동안 잦아들던 정치폭력 사건이 다시 발생한다. 1987년 4월에 일어난 통일 '민주당 지구당 창당 방해 사건'이 그것이다. 군사 정권에 반대하는 통일민주당의 18개 지구당 창당식에 김용남(金龍男, 일명 용팔이) 씨 등이 이끄는 폭력배들이 출현, 각목을 들고 난동과 행패를 부리며 창당을 방해한 사건이다. 이 사건은 정통성을 결여한 신군부 세력이 장세동 당시 국가안전기획부장의 주도로 야당 창당을 방해하기 위해 기획하고, 조직한 정치깡패 사건임이 밝혀졌다. 검찰은 이승완 씨와 이택희 전 의원, 이택돈 씨 등 전국구급 주먹과 유력 정치인들이 배후 세력으로 개입한 사실도 밝혀냈다.

하지만 1987년 6월 항쟁과 6·29 선언, 그 해 12월 대통령 선거, 1988년 2월 노태우 정부 출범으로 이어지는 1980년대 후반, 민주화에 대한 폭발적인 열망이 분출하던 시기를 틈타 폭력조직들 간의 세력 다툼은 더욱 격렬해졌다. 서울 도심 한복판에서 대낮에 폭력조직들이 칼싸움을 벌였고 경쟁 조직원들의 아킬레스건을 절단하거나 이권에 따른 청부 살해가 빈번하게 발생했다.

이동재 씨 피습과 「OB파」의 몰락

이 시기 가장 대표적 사건으로는 '「OB파」 두목 이동재 씨 아킬레스건 절단 사건'을 꼽을 수 있다.

당시 검찰의 수사 자료에 따르면 1987년 11월 「OB파」 두목 이동재 씨는 「양은이파」의 정택용 씨가 자신의 부하 김춘길 씨와 시비를 벌인 끝에 폭행하자, 11월 28일 새벽 3시 40분쯤 서울 서초구 반포동에 있던 온천장 안마시술소에서 행동대원 김인호 씨 등 대원 6명을 보내 정씨와 강승봉 씨 등을 생선회칼로 난자, 아킬레스건을 절단하는 등의 중상을 입혔다.

공격 당한 「양은이파」에서는 보복을 준비한다. 1988년 9월

14일 오후 1시 30분쯤 서울 성동구 행당동 한 식당에서 이동재 씨가 당시 아마추어 레슬링 협회 간부와 점심을 하는 자리에 「양은이파」 계열인 「순천시민파」의 행동대장 강모 씨 등 3명이 급습한다. 이들은 칼과 도끼 등으로 이동재 씨의 목과 다리를 난자하여 불구로 만들었다. 이씨는 이후 미국으로 출국한 뒤 폭력세계에서 사실상 은퇴하게 된다. 하지만 이 사건은 당시 언론을 통해 국민들에게 알려지지 않았다. 사회 불안을 우려한 정치권력이 사건의 공개를 막았기 때문이다.

1989년 6월에는 당시 국내 최대 주류 유통업체 사장이자, 「서방파」 지원 세력으로 알려진 정전식 씨가 강남 뉴월드나이트클럽에서 「이리 배차장파」 조직원들에게 살해된다. 같은 해 9월에는 골든 벨 스탠드 바 사장이자 전 「양은이파」 부두목 박정세 씨 살해 미수 사건이 발생하는 등 하루가 멀다 하고 조직 간 칼부림이 일어났다고 당시 검찰 자료는 설명하고 있다.

호국청년단과 신우회

이 시기를 전후로 폭력 세계에 중요한 변화가 일어나기 시작했다. 1988~1989년에 걸쳐 조직폭력배들이 서울과 지방을 연결하는 전국 규모의 조직 건설을 추진하기 시작한 것이다. 수사기관은 이들이 비밀리에 조직을 유지하며 겉으로는 사회봉사 등의 명분을 내세우며 조직을 공식화하려는 것에 주목했다.

1987년 7월 7일, 이승완 씨 주도로 결성된 호국청년연합회

(호청련)가 대표적이다. 이씨는 친목 도모, 사회봉사 활동을 내세우며 호청련을 창단하고 총재에 취임한다. 발기인으로 교수와 실업인, 체육인, 재미교포, 학생대표 등 80여 명을 내세웠다고 검찰은 밝혔다.

검찰 자료에 따르면 호청련은 창립 당시 전국 회원이 2,000여 명에 달하고, 국내·외에 수십 개 지부를 두고, 산하에 학생 3,000여 명이 가입된 호국학생연합회까지 뒀다. 또 당시 청소년 선도 등의 사회활동과 함께 88올림픽 성공 개최를 위한 홍보 전단을 뿌리고, 1989년 4월에는 문익환 목사 방북을 규탄하는 성명을 발표했다. 한편으론 재야단체 사무실에 난입해 기물을 파손하기도 했다고 검찰 관계자들은 밝히고 있다. 또 '서경원 의원 방북 사건' 때는 야당인 평민당을 강하게 성토하는 등 우파적인 정치 성향을 보였다고 검찰은 설명했다.

다른 폭력조직의 전국적인 연합 결성 움직임도 있었다. '「이리 배차장파」 두목'이던 김항락(일명 김향락) 씨 등이 전국의 폭력조직 두목급 인사들을 결집시켜 만든 '일송회(一松會)'도 주목을 받았다. 검찰 자료에 따르면 일송회 회원으로는 「목포파」 두목 강대우 씨, 부산 「영도파」 두목 천달남 씨, 「군산파」 두목 형철우 씨, 온양의 김춘기 씨 등이 가입한 것으로 되어 있다.

한편 부산 「칠성파」 두목 이강환 씨는 1988년 12월, 부산에서 '화랑 신우회'를 결성하여 주목을 받았다. 당시 결성식에는 일본 야쿠자 간부들이 대거 방한하기도 해 검찰과 경찰 등 수사 기관에 초비상이 걸리기도 했다.

「서방파」 전 두목 김태촌 씨.

수감중이던 김태촌 씨는 1989년 1월 폐암 치료차 형 집행정지 결정을 받아 2년 3개월 만에 출소한 뒤 같은 해 3월에 '신우회'를 결성했다. 이 모임은 과거 「번개파」 두목이던 박종석 씨가 회장, 「서방파」 두목이던 오기준 씨가 부회장을 맡아 종교와 선교활동을 위장하여 세력을 키우려 했다고 검찰은 밝히고 있다.

김두한 씨의 후계자를 자처했던 '천안의 곰' 조일환 씨도 이 시기 충남 지역 폭력조직 두목들을 결집하여 '충우회'를 결성했다고 검찰 문서는 밝히고 있다.

1990년대, 범죄와의 전쟁

　1980년대 고도 경제 성장과 함께 폭발적으로 늘어난 유흥, 향락산업은 폭력조직들에게 든든한 자금원이 됐다. 폭력조직들은 향락산업을 통해 축적한 자금을 가지고 조직을 더욱 확장했고, 다른 사업 분야로 진출을 시도했다.

　이권이 커지자 신흥 조직과 기존 조직 간의 이권 다툼이 격렬해졌다. 하루가 멀다 하고 납치 사건, 청부 폭력, 칼부림 등의 심각한 사건들이 잇따라 발생하여 사회 문제로까지 대두했다. 탄탄한 자금과 조직을 갖춘 일부 폭력조직들은 일본 야쿠자 등과 연계를 추진하는 등 국제 진출까지 모색했다. 결국 폭력조직의 급속한 성장이 정치·사회적 문제로 비화되고, 노태우 정부는 1990년 10월 3일에 '범죄와의 전쟁'을 선포하기에 이른다.

국가적 차원에서 가능한 수사 인력을 모두 동원하여 진행된 '범죄와의 전쟁'은 상당한 성과를 거뒀다. 전쟁 선포 6개월 뒤인 1991년 4월, 대검찰청 강력부가 펴낸 자료를 보면 당시 수사가 얼마나 대규모로, 강도 높게 진행됐는지 알 수 있다. 1989년 한 해 동안 범죄단체조직 혐의로 처벌을 받은 조직폭력배는 25명이었으나, 1990년에는 1,249명에 달했다. 한 해 동안 무려 50배가 증가한 것이다.

두목급 200여 명 구속

검찰과 경찰은 '전쟁'을 수행하면서 범죄단체 조직 혐의를 과감하게 적용했다. 폭력조직의 수괴급 인물에 대해 사형, 무기 또는 10년 이상의 징역, 간부 및 행동대장은 무기 또는 7년 이상의 징역에 처하도록 한 범죄단체 조직 죄는 범죄구성 요건이 매우 엄격하여 수사 기관이 이 혐의를 적용해 기소하는 경우가 많지 않았다. 하지만 '전쟁'을 선포한 정부와 수사 기관의 의지는 단호했다. 전쟁 선포 이후 전국 폭력조직 294개 파(조직원 6,019명) 가운데 91개 파 1,000여 명의 조직원들이 범죄단체조직 혐의로 처벌을 받았다.

검찰의 내부 분석 자료에 따르면 당시 폭력조직의 조직원으로 분류된 5,440여 명이 처벌을 받았고, 1990~1992년 사이 내로라하는 두목급들 인사 200여 명이 구속됐다.

당시 수사에 참여한 한 검사는 "법원의 무죄 판결을 두려워하지 않고 조폭이면 무조건 잡아넣으라는 지시가 내려왔다"면서 "매일 밤 수십 명의 조폭들을 잡아 처벌했다"고 회고했다. 그는 "검거와 수사 과정에서 다소 무리도 없지 않았기 때문에 일부 억울한 사람도 있었을 것"이라면서도 "당시 전쟁을 하지 않았다면 지금쯤 폭력조직은 손을 댈 수 없을 정도로 막강해져 있을 것"이라고 말했다.

이 시기에 검거되고 처벌받은 주요 인사들의 면면은 1960년대 이후 한국 주먹계를 주름잡은 인물들이 사실상 총망라됐다고 할 정도다. 이들 중 상당수는 21세기가 시작된 최근까지도 검찰과 경찰의 집중 관리 대상으로 남아 있다. 1980년대 이미 호청련 총재를 지냈던 이승완 씨가 아직 60대인 것을 감안하면 연령적으로도 아직 거물로서의 영향력을 행사하고 있다고 검찰 관계자들은 증언하고 있다. 일부는 막대한 재산을 축적하여 배후의 실력자로 군림하고 있는 인물이 있는가 하면 후배에게 추월당해 이름 없이 사라진 인물들도 적지 않다. 개중에는 완전히 손을 씻고 새로운 인생을 사는 사람도 있다.

1990~1992년 사이 검·경이 두목급으로 지목하여 구속한 사람들의 면면을 소개하면 아래와 같다.

신민당 창당 방해 폭력 관련 혐의로 호청련 총재 이승완 씨, 대전 '「진술이파」 사건'의 김진술 씨, '호남 출신 폭력계의 대부' 박영장 씨, 「서방파」 김태촌 씨, 「수원파」 최장조 씨, 전주 「월드컵파」 주오택 씨, 「목포파」 강대우 씨, 「이리 배차장파」신진규 씨, 청량리 588 「까불이파」윤상균 씨, 「OB파」조담진 씨, 인천 「꼴망파」최태준 씨, 「수원 남문파」차원식 씨, 「수원 북문파」김찬웅 씨, 「안양 AP파」안광섭 씨, 「춘천 유진파」유진영 씨, 대전 「옥태파」김옥태 씨, 대전 「연무대 사거리파」김영덕 씨, 대구 「동성로파」오대원 씨, 대구 「향촌동파」박범진 씨, 부산 「칠성파」이강환 씨, 부산 「영도파」천달삼 씨, 부산 「신20세기파」안용섭 씨, 광주 「충장 OB파」진상호 씨, 광주 「신양 OB파」이은규 씨, 광주 「국제 PJ파」여운환 씨, 전주 「나이트파」김용구 씨, 이리 「구배차장파」김항락 씨 등이다.

특히 김태촌 씨는 1986년 '인천 뉴송도 호텔 사장 피습 사건'으로 징역 5년에 보호감호 10년을 선고받고 복역하다 1989년 1월 형 집행정지로 석방됐으나, 1990년 5월 범죄단체조직죄 등으로 다시 구속돼 1992년 징역 10년을 선고받았다.

검찰은 1996년 9월엔 「양은이파」전 두목 조양은 씨를 살인 미수, 특수공무집행방해 혐의 등으로 구속, 기소했다. 조씨는 1980년 2월에 범죄단체조직 등의 혐의로 징역 15년을 선고받고, 1995년 3월에 만기 출소

폭력조직 「양은이파」의 전 두목 조양은 씨가 신학원서 목회자 공부를 하고 있다.

77

했다. 그는 출소 당시 수십 명의 부하들이 대형 승용차를 타고 교도소 앞에 도열하며 마중하는 등 상당한 화제를 뿌렸다. 이어 자서전 출간과 영화 「보스」를 제작하고 주연을 맡는 등 활발한 사회활동을 벌여 조직폭력배를 미화하고 있다는 지적을 받기도 했다.

김씨와 조씨 등의 재수감에 따라 1970년대 후반 이후 형성된 3대 패밀리는 사실상 와해된 것이나 다름없었다. 대신 군소 폭력조직들이 지역을 분할하여 여러 이권을 분점하면서 이합 집산하는 양상을 보이게 된다.

조폭 수사의 사령부, 검찰 강력부의 탄생

1990년대 들어 검찰의 수사 기구에 큰 변화가 생긴다. 1990년 5월, 전국 5개 지방청에 강력부를 신설하는 등 조폭 수사 전담 기구를 신설하고 범죄와의 전쟁을 수행했다. 경찰이 전담하던 폭력조직에 대한 수사를 검찰이 직접 하기 시작한 것이다. 특히 심재륜 당시 서울지검 특수1부장이 초대 부장을 맡은 서울지검 강력부는 현재까지 조폭과의 전쟁을 주도하는 사령부의 역할을 맡고 있다.

강력부는 출범 직후 김태촌 씨가 제주 서귀포 KAL 호텔 카지노 지분을 인수하고 광주 신양파크호텔의 빠칭코 경영권을 강제로 인수한 사실을 밝혀내고 다시 구속한 데 이어 호남 주먹의 대부로 알려진 박영장 씨, 연예계 프로덕션의 대부로 알려진 최봉호 씨를 잇달아 구속하는 성과를 올렸다.

강력부가 올린 최대의 수사 성과 중 하나는 1993년 '정덕진·덕일 씨 형제 슬롯머신 사건'을 들 수 있다. 검은 돈과 권력의 부정한 유착 관계가 드러난 1990년대의 대표적인 조폭 사건이다. 정치권력과 돈과 주먹의 검은 유착이 여지없이 드러났다.

당시 강력부 검사였던 한나라당 홍준표 의원은 1993년 4월, 서울 시내 빠칭코 업소에 대한 일제 단속을 명목으로 내세워 '빠칭코 업계의 대부'로 군림하던 정덕진 씨를 전격 구속했다. 정씨의 비호세력을 수사하기 위해서였다. 검찰은 곧 정씨가 김태촌 씨에게 2억 8천만 원을 제공하고 제주 KAL 호텔 카지노 지분을 인수한 사실을 밝혀냈다. 노태우 전 대통령의 선거 사조직인 태림회에 3억원을 제공한 사실도 포착됐다. 정씨 형제의 비호세력은 상상을 초월했다. 슬롯머신 업소 허가 과정에서 편의를 봐주고 1억 1천만 원을 받은 천기호 당시 치안감이 구속됐다. 안기부 기조실장을 지낸 엄삼탁 당시 병무청장도 쇠고랑을 찼다. 하이라이트는 '6공의 황태자'로 군림했던 박철언 의원이 정덕일 씨로부터 거액을 받은 혐의로 구속된 것이었다.

홍준표 의원은 "당시 다 공개하지 않았지만 안기부 직원 25명을 포함하여 안기부에 파견된 군 인사 등 수십 명의 정보기관원들이 개입한 사실을 적발하여 옷을 벗겼다"고 말했다. 정보기관과 경찰, 정치권의 최고위 실력자들이 빠칭코 업자를 비호한 혐의로 줄줄이 구속되거나 옷을 벗었다. 국세청과 경찰의 검은 커넥션도 줄줄이 드러났다.

특히 최고의 사정 기관으로 자부하던 검찰 고위 간부와 정씨 사이의 '검은 유착'이 드러나 충격을 줬다. 홍 의원이 수사를 시작하기 직전까지 서울지검장을 지냈던 이건개 당시 대전고검장이 정씨로부터 10억 원 가량을 빌린 뒤 이자를 갚지 않은 혐의가 드러나 구속됐다. S, J, C씨 등 최고위 검찰 간부들은 정씨와 '부적절한 관계'를 맺은 사실이 드러나 불명예 퇴진했다. 옷을 벗은 간부들 가운데는 20여 년간 친분을 맺은 인사도 있었다. 검찰 간부의 부인이 정씨의 자금으로 사채와 부동산 투기를 통해 재산을 불린 사례도 있었다. 친척 취직을 부탁한 검찰 간부도 있었다. 정씨가 자신과 친한 간부들을 보호하기 위해 이건개 씨의 비위 사실을 공개했다는 추정도 나왔다. 홍 의원도 이건개 씨보다 다른 간부들이 더 오래 정씨와 친분을 유지한 사이였다고 말했다. 그 때 불명예 퇴진한 간부 중 한 사람은 김대중 정부 집권 이후 사정 기관의 요직에 등용됐다. 그는 과연 '슬롯머신 사건'을 계기로 정덕진 씨와 쌓아온 오랜 친분을 단절했을까? 당사자들에게 직접 확인하지는 못해 진실이 무엇인지는 알 길이 없다. 하지만 정씨는 적어도 당시에는 그 간부에 대해 신의를 지킨 것으로 볼 수 있지 않을까? 그들이 그 사건을 계기로 오랜 친분 관계를 단절했다는 소식은 전해지지 않고 있다.

정씨를 중심에 놓고 그와 관계를 맺은 인물을 한번 상상해

보자. 황태자로 꼽히는 실세 정치인, 안기부 고위 간부 출신의 장관급 인사, 검찰의 최고위급 간부들, 경찰, 정보기관, 국세청의 고급 간부들, 김태촌 씨와 같은 거물급 주먹 등등. 불과 10년 전 검찰 수사에서 드러난 주먹 사건의 범위와 실체는 상상을 초월한 것이었다. 하지만 지금은 전혀 달라졌다고 자신할 수 있을까?

검찰은 범죄와의 전쟁이 시작된 1990년부터 1998년까지 검찰 등의 수사 기관에 적발된 폭력조직원들은 1만 1,840명, 이 가운데 8,572명이 구속된 것으로 집계됐다. 국가적 수준에서 진행된 조폭과의 전쟁으로 사실상 폭력조직의 전성기는 끝이 나고 전국적인 조직은 와해된 것으로 검찰은 평가했다. '조직' 활동이 뜸해지고 피비린내 나는 조직 간 '전쟁'도 잠잠해졌다. 뒤이어서 1997년 IMF 경제 위기가 불어 닥치면서 폭력조직 또한 생존을 위한 변신을 시도한다.

21세기, 변모하는 조폭들

　뉴 밀레니엄의 첫 해는 대형 권력형 비리 사건과 함께 시작했다. 2000년 하반기는 IMF와 벤처 열풍을 통해 스타로 부상했던 벤처 기업인들의 잇단 불법 대출과 정·관계 로비 의혹 사건으로 얼룩졌다. 특히 2000년 하반기에 불거진 한국 디지탈라인의 정현준 씨, 1년 뒤에 일어난 G&G 그룹 이용호 회장의 거액 불법 대출과 정·관계 로비 의혹 사건은 조직폭력배 출신 인사들이 21세기 어떤 모습으로 변신해 있는지를 상징적으로 보여 준 사건으로 꼽힌다.

　두 사건은 '정현준 게이트' '이용호 게이트'로 불리면서 김대중 정부의 도덕성과 통치 기반에 커다란 타격을 줬다. 한편으론 1970년대와 1980년대 조직을 결성하여 폭력조직의 두목급 인사로 활동하던 이들이 축적된 자금과 인맥을 활용하여 대형 권력형 비리 의혹 사건의 주역으로 등장할 정도로 성장했음을 보여 줬다고 강력통 검사들은 평가하고 있다. 위기는 기회라고 했던가? 1997년 말, IMF 위기와 벤처 투자 열풍으로 조성된 경제 환경은 폭력조직들에게 변신을 위한 절호의 찬스를 제공했던 것이다.

검찰은 21세기의 폭력조직들의 특징으로는 막강한 자금과 조직을 갖춘 기업형 마피아 조직의 추구, 기동력을 갖춘 탄력적 조직 운영, 오락실 카지노 등의 전통적인 자금원 외에 마약, 경마, 경륜 등 새로운 자금원 개발 추구를 꼽고 있다. 21세기의 폭력조직이 어떤 모습으로 변모하고 있는지는 다음의 세 가지 사례를 통해 살펴보기로 하자.

정현준 게이트의 로비스트로 지목된 오기준 씨

2000년 불거진 이른바 '정현준(한국디지탈라인 전 회장) 게이트'에선 신양팩토링 사장이었던 오기준 씨가 정현준 씨와 사건의 또 다른 핵심 인물인 이경자 동방금고 부회장의 정·관계 로비 창구로 지목됐다.

오씨는 동방금고 부회장인 이경자 씨로부터 김영재 전 금감원 부원장보에게 전달하겠다며 5억여 원을 가져간 혐의를 받았다. 하지만 그는 이경자 씨가 검찰에 출두하기 직전 미국으로 출국하여 아직까지 소재가 파악되지 않고 있다.

오씨는 사건 초기에는 나이와 경력 등이 잘 알려지지 않는 등 베일 속에 가려진 인물이었다. 전남, 광주 출신으로 한때 주먹세계에 관여했고, 정·관계 인사들과 상당한 친분을 가지고 있으며, 어음을 할인해주는 여신회사인 신양팩토링의 사장으로 활동했다는 정도만 알려졌었다. 무슨 배경과 인연으로 그가 금융계에 막강한 영향력을 발휘하는 금감원 고위 간부에게 5억 원을 전달한 로비 창구로 지목됐는지 드러나지 않았던 것이다.

하지만 1970년대 폭력조직의 계보에서 등장하듯 오기준 씨는 1970년대 「서방파」 두목으로 구속된 전력이 있는 인물이다. 그는 호남 출신 주먹들의 한 축이었던 「번개파」에서 부두목급 인사로 분류됐었다. 「번개파」 행동대장으로 활동했던 인물이 훗날 「범서방파」 두목으로 1980년대 주먹세계를 천하통일한 것으로 지목된 김태촌 씨다.

검찰 등의 수사 기록에 따르면 오씨는 1977년 폭력 등의 혐의로 구속된 경험이 있다. 당시 그는 신흥 조직 「서방파」 두목으로 지목됐다. 오씨는 1980년 신군부의 등장과 함께 다시 구속된다. 1983년쯤에는 미국으로 출국했다. 잠시 수사 기관의 감시 대상에서 사라졌던 오씨는 1989년 김태촌 씨가 가석방된 뒤 출범시킨 '신우회'의 부회장으로 다시 등장한다. 그리고 1990년대에는 주식 시장의 활황과 더불어 주식 투자로 상당한 자금을 모은 것으로 알려졌다. 그의 부친은 저명한 목사이자 미국 영주권자라고 지인은 전했다.

1970년대 주먹세계의 두목급이었던 인사가 1980년대 주먹들의 친목단체 간부로 변신했다가 1990년대에는 주식 투자로 부를 축적한 뒤 2000년 여신회사 대표로, 나라를 떠들썩하게 했던 대형 권력형 비리 사건의 주역으로 나타난 것이다.

검찰 조사 과정에서 오씨와 이경자 씨의 만남은 2000년 3월 모 대학의 대학원 최고위 과정 졸업식이 계기가 됐다. 당시 오씨를 소개 받은 이경자 씨는 독신인 오씨에게 중매를 서겠다며 접근했고, 나중에는 동업을 제의하여 신양팩토링 사장으로 영입했다고 검찰에서 진술했다.

사채업을 통해 나름대로 자본을 모은 이경자 씨 입장에선 오씨의 폭넓은 정계와 관계의 인맥이 필요했는지도 모른다. 이를 반증하듯 2000년 8월 신양팩토링 사장으로 부임하는 오씨의 개업식에는 대통령 아들을 비롯한 구 여권 실세들의 이름이 적힌 화환이 여러 개 전시된 것으로 알려졌다. 사회는 유명 개그맨이 봤다. 대통령의 아들, 유력 정치인들과의 친분이 그를 정·관계 로비의 핵심 인사로 지목되게 한 결정적 계기였다.

이에 대해 김대중 대통령의 장남인 김홍일 의원은 "명의를 도용당했다. 화환을 보낸 사실이 없다"고 해명했다. 김 의원은 다만 "20년 전 인척의 소개로 인사를 한 적이 있다. 몇 년 전에도 한 번 만난 적이 있으나 무슨 부탁을 하길래 더 이상 만나지 않았다"고 설명했다. 오씨와 안면을 튼 정도의 사이일 뿐 화환을 보낼 정도로 친분이 두터운 사이가 아니라는 것이다. 그에게 화환을 보낸 것으로 알려진 구 동교동계 인사도

"잘 모르는 사람"이라고 해명했다. 당사자가 해외로 출국한 상태에서 관련 인사들이 친분을 부인해 오씨의 정·관계 로비 의혹은 검찰 수사를 통해서도 확실하게 규명되지 않았다.

필자는 정현준 게이트 수사가 진행중일 당시 해외에 도피한 오씨와 장시간 전화 인터뷰를 할 기회가 있었다. 그는 과거 주먹으로 활동했던 것을 인정했다. 다만 "오래전 철없던 시절의 부끄러운 과거"라며 "이제 와서 다시 거론하고 싶지 않다"고 말했다. 「번개파」와 「서방파」활동에 대해서도 "어릴 때 치기어린 행동이 너무나 큰 사회적 반향을 일으켰다. 그로 인해 오랫동안 숨어서, 조용히 살아야 했고 불행한 삶을 감수해야 했다"면서 "주먹세계와 인연을 끊은 지 오래"라고 말했다. 그는 "제발 나를 조폭과 연관짓지 말아달라"고 거듭 부탁했다. 그는 "한때 '신우회' 부회장으로 알려진 것은 후배인 김태촌이 내게 알리지도 않고 '신우회' 회원 명단에 내 이름을 넣어 그렇게 된 것이지 실제 활동한 적은 없다"고 말했다.

그는 "정현준·이경자 사건에 관한 한 나는 피해자"라며 "과거 폭력조직에서 활동한 경험 때문에 사회적으로 관심을 끄는 사건이 일어나자 피해를 당할 것을 우려해 출국했다"면서 "계획적으로 도피한 게 아니다"라고 밝혔다. 그는 "검찰이 나를 거물 로비스트로 지목하는데 절대 로비는 하지 않았다"며 "금감원 김영재 부원장보에게 거액의 뇌물을 전달했다는 혐의는 전혀 사실이 아니다"고 주장했다. "얼마 있으면 나이 육십의 늙은이가 되는데 이역만리 타국에서 얼굴도 제대로 들지 못하고 숨어 사는 심정이 어떻겠느냐"며 "귀국해 억울함을 벗고 싶다"고도 했다. 오씨가 검찰이 지목한 것처럼 금감원 간부에게 거액의 뇌물을 제공한 정·관계 로비스트였는지, 아니면 자신의 설명대로 정현준 게이트의 또 다른 피해자인지 여부는 아직 밝혀지지 않았다. 하지만 그의 사례는 과거 주먹 세계에서 활동했던 인사가 시대를 지나면서 어떤 인생을 걸어 왔는지를 보여 주는 한 단면이라 할 수 있다. 과거의 오야붕들이 오늘날의 주식 투자가로, 금융계 CEO로, 벤처 기업인으로 변신하고 있는 것이다. 그들이 주로 사람을 만나고 사귀는 장소는 주요 대학 최고경영자 과정이며, 주요 지인들은 정치인과 고위 관료인 것이다.

여운환 씨, "나는 조폭이 아니다"

2001년 불거진 '이용호 게이트'에서는 여운환 씨가 핵심 인물로 등장했다. 검찰이 광주의 「국제 PJ파」 두목 출신이라고 지목한 그는 2001년 9월 대검 중수부에 구속됐다. 한 해 전인 2000년 5월, 서울지검 특수2부가 이씨를 수사했다가 하루 만에 풀어준 사실이 드러나면서 검찰 간부들과 친분이 두터운 것으로 알려진 여씨에게 의혹이 집중됐다. 그가 구속되자 '이용호 게이트'가 아니라 '여운환 게이트'라는 주장도 나왔다.

강력통 검사들의 증언과 1992년 '「국제 PJ파」 사건' 수사 당시 검찰 공소장에 따르면 여씨는 「구서방파」 출신으로 목포 백제호텔과 이 호텔의 슬롯머신 업소, 광주 국제호텔 슬롯머신과 K산업 등을 운영했고, 부동산 투기로 풍부한 자금을 확보한 것으로 알려졌다. 단순 주먹이 아니라 머리를 겸비한, 사업적 수완이 있는 인물이라는 것이다.

검찰은 1992년 여씨에 대한 공소장에서 여씨가 1982년 광주 동구 충장로 1가에 있던 국제 당구장과 국제 PJ음악 감상실 등에서 후배 50여 명을 규합, 1986년 말 폭력조직을 결성했다고 밝혔다. 검찰은 여씨가 광주 중심가인 광주 동구 충장로 1, 2가와 무등산극장 주변 유흥가 일대를 장악했고, 업소 보호 명목으로 금품을 받았다고 밝혔다. 여씨는 1988년 11월, 일본 오사카로 건너갔다. 일본 야쿠자 조직의 하나인 「사카우메조 가네야마파」의 두목인 가네야마 고사부로(한국명 김재학) 씨와 부산 「칠성파」 두목인 이강환 씨 사이에 이뤄진 한·일 폭력조직 간 '사카스키(酒盃, 야쿠자들이 술잔에 담긴 술을 나눠먹음으로써 형제의 인연을 맺는 의식. 이때 사용된 잔은 조직의 보물로 보관된다)' 의식에 참여하기 위해서였다고 검찰은 밝혔다. 여씨는 전라도 대표 자격이었다. 「번개파」 두목 박종석, 「수원파」 두목 최창식 씨도 함께 참석했다.

당시 의식 장면이 담긴 비디오 테이프가 공개돼 전국이 떠들썩해졌다. 여씨는 1980년대 후반 전국구급 폭력조직의 대부로 꼽히는 이강환 씨와 친분을 맺고, 일본 폭력조직과 연계를 시도할 정도의 거물로 성장했다는 설명이다.

검찰 수사 기록은 「국제 PJ파」가 1990년 말에는 조직원이

130여 명에 달하는 전남·광주 지역 최대 폭력조직으로 성장했고, 경쟁 조직인 광주 「콜박스파」「무등산파」등과 여러 차례 유혈 난투극을 벌였다고 적시하고 있다. 하지만 범죄단체조직 혐의로 기소됐던 여씨는 대법원에서 무죄를 선고 받는다. 그는 폭력 등의 혐의만 인정돼 실형 4년을 선고 받았다.

당시 사건의 주임검사는 '모래시계' 검사로 유명한 홍준표 한나라당 의원이다. 홍 의원의 증언과 언론 보도에 따르면 여씨가 수감돼 있을 당시 지역 정치인들을 비롯한 상당수 정계 실력자들이 그에게 면회를 간 것으로 밝혀졌다. 검찰은 여씨의 비호세력 중에는 지역 언론사의 간부들도 포함돼 있었다고 밝혔다.

여씨가 유명해진 계기는 그와 검찰 간부들의 커넥션 때문이다. 여씨가 광주지검장에게 편지를 보내 "나는 조폭이 아니며, 기업인"이라고 주장하면서 검찰 간부들과의 인연을 공개한 사실이 뒤늦게 알려진 것이다.

1993년에는 서울지검 강력부 검사였던 홍준표 의원이 '정덕진 씨 슬롯머신 사건'을 수사하는 과정에서 검찰 일반직 간부가 여씨가 운영하던 슬롯머신 업소에 1억 원을 투자한 사실을 밝혀내기도 했다. 그 간부는 스스로 목숨을 끊었다. 여씨가 편지에서 실명을 거론한 검찰 간부 4명도 옷을 벗었다.

홍 의원은 충격적인 사실도 폭로했다. 1991년 여씨를 수사할 당시 검찰총장을 통해 수사팀에 압력이 내려왔으며, 한 검찰 간부는 여씨를 옹호하며 수사를 하지 말라고 호통을 치기도 했다고 증언했다. 여씨와 친분이 드러나 옷을 벗은 검찰 간부들 뿐 아니라 더 광범위하고 뿌리 깊은 커넥션을 구축하고 있었다는 것이다.

1996년 실형 4년을 살고 출소한 여씨는 IMF를 계기로 상당한 재산을 모은 것으로 알려져 있다. 1997년에는 서울지검 외사부가 수사한 미국 '라스베이거스 카지노 도박 사건'에 연루된 혐의로 수배되기도 했다. 미화 20만 달러를 밀반출하고 상습도박을 한 혐의였다. 1년간 도피생활 끝에 1998년 11월 검찰에 자진 출두해 벌금 2천만 원을 물고 풀려났다. 상습 도박 혐의는 인정되지 않았다. 함께 라스베이거스로 여행을 간 다른 사람에게 돈을 빌려줬다는 주장을 검찰이 받아들였기 때문이다.

여씨에 대한 평가는 상당히 엇갈린다. '사기꾼' '조폭 두목' '건실한 기업인' 등 극단을 오간다. 그의 로비 능력에 대해서도 "1992년 사건 이후 로비할 만한 사람들과의 인연은 사실상 단절됐다" "한 두 해 인연이 아니기 때문에 오히려 정권 교체 이후 더 탄탄해졌다"는 분석이 엇갈린다.

그를 잘 아는 한 인사는 "여씨는 선배들에게 예의 바르고 의리 있는 인물"이라고 평했다. 그러면서 "검찰 고위 간부들과의 관계도 조폭과 검사의 관계가 아니라 강한 지역적 연고에 바탕한 관계이기 때문에 특정 사건을 계기로 맺어지고 끊어지는 관계가 아니다"고 설명했다.

검찰은 여씨가 이용호 씨로부터 서울지검 특수2부의 수사를 무마해주는 대가로 20억 원, 진정인 합의금 명목으로 12억

원을 받는 등 40여 억 원을 받은 혐의로 기소했다.

여씨의 추가적인 범죄 사실은 확인되지 않았다. 한 검찰 간부는 "여씨는 과거 수사 등의 경험을 통해 자신을 비호하는 세력에 대해 입을 열면 죽는다는 사실을 잘 알고 있는 인물"이라고 평했다. 이 간부는 "여씨가 자기 비호세력을 자백하기를 기대하기는 어렵다"고 말했다. 여씨는 2002년 7월, 1심에서 징역 4년에 추징금 15억 2천만 원을 선고 받았다. 여씨에 대한 엇갈린 평가, 기업인에서 주먹에 이르는 기묘하고 폭넓은 스펙트럼은 주먹 또는 주먹 출신 인사들의 현재 모습을 상징하는지도 모른다. 무엇이 진짜 그의 모습일까?

그냥 넘어갈 수 없는 대목이 있다. 2001년 여름, 김대중 대통령의 장남 김홍일 의원이 제주도 휴가를 갔을 때 모 스포츠단 전 단장 정학모 씨가 여씨를 홍일 씨에게 소개했다. 당시 홍일 씨 여름휴가에는 정씨를 비롯, 검찰 고위 간부와 건설사 사장 등이 동행했다. 홍일 씨와 동행한 사람 중에는 과거 대형 룸살롱을 운영했던 모씨도 포함돼 있었다. 홍일 씨와 여운환 씨는 정씨 소개로 만나 잠시 인사한 것일 뿐 잘 알지도 못하고 다른 관계도 없었다고 해명했다. 그 만남이 우연이었다고 믿는 사람은 많지 않다. 당사자들은 죄도 아닌데 만남 자체가 무슨 문제냐고 반문할지 모른다. 하지만 정치인과 검찰 간부, 기업인, 주먹 출신 인사들이 휴양지에서 인사하고 악수하는 모습에서 정치권력과 주먹이 맺어온 오랜 공생 관계의 21세기식 풍경을 떠올리는 사람들이 많았다.

'K1의 비서실장(?)' 정학모 씨

정학모 씨의 역할에 주목해보자. 한때 'K1(김홍일 의원의 애칭)의 비서실장'으로 통했던 정씨에 대해 알려진 것은 많지 않다.

그는 홍일, 홍업 씨의 대학 선배다. 과거 레슬링 선수로 활동하기도 했다. 1980년대 이후 모 주류회사와 재벌기업 간부를 지내면서 정치권 인사들과 친분을 다진 것으로 알려졌다. 체육계와의 인연 때문에 대한올림픽협회 부회장과 모 재벌회사 스포츠단의 대표를 지냈다.

그는 1980년대에는 5공과 6공 정권의 실세였던 K씨의 측근으로 활동했다. 김대중 정부 집권 이후에는 홍일 씨의 사실상의 '비서실장'으로 '변신'했다고 한다. 김대중 정권 내내 여러 이권 개입 의혹을 받아왔지만 수사의 칼날을 피했다. 하지만 정권이 바뀐 직후 2003년 5월, '나라종금 사건'으로 구속됐다. 나라종금과 다른 건설사로부터 청탁 명목으로 1억 5천여 만 원을 받은 혐의가 드러났기 때문이다. 권력 주변 인사들이 걸었던 흥망의 여정을 그도 비켜가지 못한 것이다.

그를 이해하는 데 빼놓을 수 없는 것은 그가 1970년대 중반 주먹세계를 뒤흔든 '사보이 호텔 회칼 난자 사건'에 연루되어 1심에서 유죄 판결을 받은 인물이라는 사실이다. 그는 수사기관에 의해 조양은 씨 등의 선배격 인물로 지목됐다. 1960년대 중반 서울로 상경하여 세력을 키운 뒤 1970년대 「신상사파

」를 제거하고 주먹세계를 통일한 「호남파」의 주요 인물 중 한 사람이라는 것이다. 박종석, 박영장, 오기준, 조양은, 김태촌, 이강환 씨 등 1970년대 이후 주먹계를 풍미해온 인물들과 좋든 나쁘든 그가 어떤 식으로 친분이 있을 수밖에 없는 이유를 설명해준다.

그는 "철없는 시절에 일어난 불미스런 일이다. 부끄럽다"며 자세한 언급을 피했다. 그는 목포상고를 졸업했다. 민주당 동교동계 핵심 의원들 가운데 상당수가 목포 또는 목포상고 출신이다. 그는 정치권 실세들과 주먹들을 연결하는 휴먼 네트워크상에서 허브 위치를 차지하기에 충분한 자격을 갖추고 있다고 할 수 있다. 1980년대 광주에서 폭력조직을 결성한 것으로 검찰이 지목한 여운환 씨가 20년이 지난 21세기에 대통령 장남이자 실세 의원인 홍일 씨 휴가 장소에 출현하여 악수하는 장면을 상상해 보라.

1970년대 회칼 난자 사건의 배후로 지목된 인물이 1980년대 건설사 간부, 유통회사 사장으로 변신하고, 1990년대에는 재벌회사 계열사 대표, 체육계 간부로, 다시 정치적 실세로 변신하는 과정은 몹시 흥미롭고 또한 주목할 만하다.

조폭의 새 얼굴

21세기 '권력형 게이트' 과정에서 등장한 인물들은 주먹의 계보를 추적하는 일이 결코 뒷골목 하위문화의 이합집산을 뒤지는 작업이 아니라, 한국 사회의 잘 드러나지 않은 내면, 즉 정치와 경제, 사회적 휴먼 네트워크를 깊이 들여다 볼 수 있는 유용한 루트가 될 수 있다는 것을 보여 준다.

역사와 인간의 삶은 단절되지 않는다. 1950년대에 등장했다가 1960년대에 사라지지 않는다.

1960년대 종로의 뒷골목을 누비던 인물이 21세기 권력형 게이트의 중심인물로 등장한다. 1970년대 명동을 주름잡던 인물이 30년 뒤 대형 경제 스캔들의 주역으로 거듭난다. 그들의 삶의 궤적에는 한국 현대사의 굴절과 일그러진 성장 신화가 녹아 있다.

조폭의 계보를 추적하는 작업이 과거의 화석화된 역사를 뒤지는 고고학적인 작업이 아니라 지금, 그리고 앞으로 쓰여질 역사를 미리 가늠해볼 수 있는 새로운 탐구 작업의 시작인 것도 이 때문이다. 그것은 폭력·부패·범죄의 계보학이다. 결코 유쾌하지 않지만, 우리가 세상에 대해 보다 많은 것을 알 수 있게 해주는, 유익한 지적 작업의 하나인 것이다.

프랑스엔 〈크세주〉, 일본엔 〈이와나미 문고〉,
한국에는 〈살림지식총서〉가 있습니다.

📖 전자책 | 🔍 큰글자 | 🔊 오디오북

조폭의 계보

| 펴낸날 | 초판 1쇄 2003년 8월 30일 |
| | 초판 5쇄 2021년 4월 22일 |

지은이	방성수
펴낸이	심만수
펴낸곳	(주)살림출판사
출판등록	1989년 11월 1일 제9-210호

주소	경기도 파주시 광인사길 30
전화	031-955-1350 팩스 031-624-1356
홈페이지	http://www.sallimbooks.com
이메일	book@sallimbooks.com

| ISBN | 978-89-522-0127-0   04080 |
| | 978-89-522-0096-9   04080(세트) |

※ 값은 뒤표지에 있습니다.
※ 잘못 만들어진 책은 구입하신 서점에서 바꾸어 드립니다.

089 커피 이야기

`eBook`

김성윤(조선일보 기자)

커피는 일상을 영위하는 데 꼭 필요한 현대인의 생필품이 되어 버렸다. 중독성 있는 향, 마실수록 감미로운 쓴맛, 각성효과, 마음의 평화까지 제공하는 커피. 이 책에서 저자는 커피의 발견에 얽힌 이야기를 통해 그 기원을 설명한다. 커피의 문화사뿐만 아니라 커피에 대한 일반적인 정보 및 오해에 대해서도 쉽고 재미있게 소개한다.

021 색채의 상징, 색채의 심리

박영수(테마역사문화연구원 원장)

색채의 상징을 과학적으로 설명한 책. 색채의 이면에 숨어 있는 과학적 원리를 깨우쳐 주고 색채가 인간의 심리에 어떤 작용을 하는지를 여러 가지 분야의 사례를 통해 설명한다. 저자는 색에는 나름대로의 독특한 상징이 숨어 있으며, 성격에 따라 선호하는 색채도 다르다고 말한다.

001 미국의 좌파와 우파

`eBook`

이주영(건국대 사학과 명예교수)

진보와 보수 세력의 변천사를 통해 미국의 정치와 사회 그리고 문화가 어떻게 형성되고 변해왔는지를 추적한 책. 건국 초기의 자유방임주의가 경제위기의 상황에서 진보-좌파 세력의 득세로 이어진 과정, 민주당과 공화당의 대립과 갈등, '제2의 미국혁명'으로 일컬어지는 극우파의 성장 배경 등이 자연스럽게 서술된다.

002 미국의 정체성 10가지 코드로 미국을 말하다 `eBook`

김형인(한국외대 연구교수)

개인주의, 자유의 예찬, 평등주의, 법치주의, 다문화주의, 청교도 정신, 개척 정신, 실용주의, 과학·기술에 대한 신뢰, 미래지향성과 직설적 표현 등 10가지 코드를 통해 미국인의 정체성과 신념을 추적한 책. 미국인의 가치관과 정신이 어떠한 과정을 통해서 형성되고 변천되어 왔는지를 보여 준다.

058 중국의 문화코드

강진석(한국외대 연구교수)

중국의 핵심적인 문화코드를 통해 중국인의 과거와 현재, 문명의 형성 배경과 다양한 문화 양상을 조명한 책. 이 책은 중국인의 대표적인 기질이 어떠한 역사적 맥락에서 형성되었는지 주목한다. 또한, 구체적이고 실제적인 여러 사물과 사례를 중심으로 중국인의 사유방식에 대해 설명해 주고 있다.

057 중국의 정체성　eBook

강준영(한국외대 중국어과 교수)

중국, 중국인을 우리는 과연 어떻게 이해해야 하나? 우리 겨레의 역사와 직 · 간접적으로 끊임없이 영향을 주고받은 중국, 그러면서도 아직까지 그들의 속내를 자신 있게 말할 수 없는, 한편으로는 신비스럽고, 한편으로는 종잡을 수 없는 중국인에 대한 정체성을 명쾌하게 정리한 책.

015 오리엔탈리즘의 역사　eBook

정진농(부산대 영문과 교수)

동양인에 대한 서양인의 오만한 사고와 의식에 준엄한 항의를 했던 에드워드 사이드의 오리엔탈리즘. 이 책은 에드워드 사이드의 이론 해설에 머무르지 않고 진정한 오리엔탈리즘의 출발점과 그 과정, 그리고 현재와 미래의 조망까지 아우른다. 또한 오리엔탈리즘이 사이드가 발굴해 낸 새로운 개념이 결코 아님을 역설한다.

186 일본의 정체성　eBook

김필동(세명대 일어일문학과 교수)

일본인의 의식세계와 오늘의 일본을 만든 정신과 문화 등을 소개한 책. 일본인을 지배하는 이데올로기는 무엇이고 어떤 특징을 가지는지, 일본을 주목해야 하는 이유는 무엇인지 등이 서술된다. 일본인 행동양식의 특징과 토착적인 사상, 일본사회의 문화적 전통의 실체에 대한 분석을 통해 일본의 정체성을 체계적으로 살펴보고 있다.

261 노블레스 오블리주 세상을 비추는 기부의 역사

예종석(한양대 경영학과 교수)

프랑스어로 '높은 사회적 신분에 상응하는 도덕적 의무'를 뜻하는 노블레스 오블리주. 고대 그리스부터 현대까지 이어지고 있는 노블레스 오블리주의 역사 및 미국과 우리나라의 기부 문화를 살펴보고, 새로운 시대정신으로 노블레스 오블리주를 부활시킬 수 있는 가능성을 모색해 본다.

396 치명적인 금융위기, 왜 유독 대한민국인가 `eBook`

오형규(한국경제신문 논설위원)

이 책은 전 세계적인 금융 리스크의 증가 현상을 살펴보는 동시에 유달리 위기에 취약한 대한민국 경제의 문제를 진단한다. 금융안전망 구축 방안과 같은 실용적인 경제정책에서부터 개개인이 기억해야 할 대비법까지 제시해 주는 이 책을 통해 현대사회의 뉴노멀이 되어 버린 금융위기에서 살아남는 방법을 확인해 보자.

400 불안사회 대한민국, 복지가 해답인가 `eBook`

신광영(중앙대 사회학과 교수)

대한민국 사회의 미래를 위해서 복지는 선택이 아니라 필수라고 말하는 책. 이를 위해 경제 위기, 사회해체, 저출산 고령화, 공동체 붕괴 등 불안사회 대한민국이 안고 있는 수많은 리스크를 진단한다. 저자는 사회적 위험에 대응하기 위한 복지 제도야말로 국민 모두의 삶의 질을 높일 수 있는 길이라는 것을 역설한다.

380 기후변화 이야기 `eBook`

이유진(녹색연합 기후에너지 정책위원)

이 책은 기후변화라는 위기의 시대를 살면서 우리가 알아야 할 기본지식을 소개한다. 저자는 기후변화와 관련된 핵심 쟁점들을 모두 정리하는 동시에 우리가 행동해야 할 실천적인 대안을 제시한다. 이를 통해 독자들은 기후변화 시대를 사는 우리가 무엇을 해야 할 것인지에 대하여 생각해 볼 수 있을 것이다.

eBook 표시가 되어있는 도서는 전자책으로 구매가 가능합니다.

(주)살림출판사
www.sallimbooks.com
주소 경기도 파주시 문발로 522-1 | 전화 031-955-1350 | 팩스 031-955-1355